Fridericus Guilielmus Ernestus Kuhn

De libertatis notione

Fridericus Guilielmus Ernestus Kuhn

De libertatis notione

ISBN/EAN: 9783743413733

Hergestellt in Europa, USA, Kanada, Australien, Japan

Cover: Foto ©ninafisch / pixelio.de

Manufactured and distributed by brebook publishing software (www.brebook.com)

Fridericus Guilielmus Ernestus Kuhn

De libertatis notione

DE
LIBERTATIS NOTIONE.

DISSERTATIO INAUGURALIS PHILOSOPHICA
QUAM
CONSENSU ATQUE AUCTORITATE
AMPLISSIMI PHILOSOPHORUM ORDINIS
IN
ALMA UNIVERSITATE LITTERARIA FRIDERICA
HALENSI CUM VITEBERGENSI CONSOCIATA
AD
SUMMOS IN PHILOSOPHIA HONORES
RITE IMPETRANDOS
UNA CUM THESIBUS APPOSITIS
DIE IV. MENSIS IANUARII A. MDCCCLXVIII.
H. L. Q. S.

PUBLICE DEFENDET
AUCTOR
FRID. GUIL. ERNESTUS KUHN.

ADVERSARII ERUNT
A. HART, DR. PHIL.
P. SCHMIDT, LIC. THEOL., DR. PHIL.

HALIS SAXONUM
1868.
FORMIS SOCIETATIS TYPOGRAPHICAE BEROLINENSIS (URBATII & SOCIORUM).

LECTORI S. D.

AUCTOR.

Cum et propter arduitatem argumenti, quod hoc libello tractandum mihi proposui, et propter recentissimorum philosophorum dictionem, in qua identidem versatus sum, dissertationem vernacula lingua conscribere exoptatissimum mihi videretur: ab AMPLISSIMO PHILOSOPHORUM ORDINE UNIVERSITATIS LITTERARIÆ HALENSIS ut id mihi liceret petivi et quod impetravi laeto gratoque animo confiteor. novis enim legibus publicis non abnuentibus ORDINI AMPLISSIMO satis visum est quod meam linguae latinae scientiam tentamine hunc ad finem instituto comprobavi, cum praesertim introductione latine conscripta »de fontibus historiaque vestustioribus et de libertatis notione philologica« qualecunque latine scribendi specimen edidissem. quam praefationem si typis non mandaverim, ne iniquo velim animo accipias. vale.

Scribebam Berolini m. Dec. a. 1867.

DER FREIHEITSBEGRIFF.

RECAPITULIRENDE DARSTELLUNG DER MOMENTE
DIESES BEGRIFFES

UND

KRITISCHE UNTERSUCHUNG SEINES VERHÄLTNISSES

ZUR

KOSMOLOGIE UND ETHIK

AUF

ANTHROPOLOGISCHER GRUNDLAGE.

Inhalts-Uebersicht.

Erster Theil.
Ableitung des Freiheitsbegriffes.

1. Orientirung.
2. Makrokosmische und mikrokosmische Beziehung des Freiheitsbegriffes.
3. Ausserwissenschaftlicher Gebrauch des Freiheitsbegriffes.
4. Voraussetzungen für die wissenschaftliche Definition.
5. Hauptdata aus der Geschichte des philosophischen Freiheitsbegriffes.
6. Die Permanenz des Problemes.
7. Die Fassung des Problemes nach dem gegenwärtigen Stande der Wissenschaft.

Zweiter Theil.
Anwendung des Freiheitsbegriffes in der Kosmologie.

8. Unzulänglichkeit und Vertheidigung des anthropologischen Standortes für die Kosmologie.
9. Der Freiheitsbegriff und einige logische Kategorieen.
10. Der Freiheitsbegriff als Princip der Kosmologie.

Dritter Theil.
Bedeutung des Freiheitsbegriffes für die Ethik.

11. Der Begriff der ethischen Theorie vom anthropologischen Standorte aus.
12. Vom Fundament und Princip der Ethik.
13. Der Freiheitsbegriff als metaphysischer Vorbegriff der Ethik.

Erster Theil.
Ableitung des Freiheitsbegriffes.

1.
Orientirung.

Das ursprüngliche Interesse, welches den Verfasser der vorliegenden Schrift zu einer fortgesetzten Untersuchung des Freiheitsbegriffes antrieb, entsprang dem Bestreben, feste Gesichtspunkte für die Begründung der ethischen Wissenschaft auf anthropologischer Grundlage zu gewinnen. Natürlich drängt jeder Versuch eines umfassenden Verständnisses der ethischen Probleme den Beobachter von der Erscheinungs-Physiognomie des Menschen hinweg zu den verborgenen Lebensnerven, welche das Menschenwesen in tausendfältigen Rapport zum Innersten des Kosmos setzen. So erweitert sich die aus Rücksicht auf die ethischen Grundfragen unternommene Prüfung des Freiheitsbegriffes zu einer Fundamental-Untersuchung der Philosophie überhaupt.

Welche Bedeutung für die Wissenschaft hat der Freiheitsbegriff? Kann er als nothwendiger Begriff aus der Natur der menschlichen Erkenntniss abgeleitet werden? Welche von den Momenten, die im Laufe seiner geschichtlichen Entwickelung dem Freiheitsbegriffe eingefügt wurden, sind wesentliche und bleibende? — Diese Fragen charakterisiren im Ganzen den Inhalt, aber auch einigermaassen die Methode unserer Arbeit.

Wir verzichten auf jegliche Frucht der philososphischen Erkenntniss, wenn dieselbe nicht natürlich auf dem kritisch-bearbeiteten Boden psychologischer Thatsachen erwachsen und in der stoffreichen Atmosphäre wissenschaftlicher Empirie gereift ist. Dabei sind wir uns voll bewusst, dass die „Resultate" der philosophischen Arbeit den am Stückwerk mühsam forschenden Geist zuletzt wie diamantne Säulen stützen, auf deren aetherreiner Höhe das Bild des grossen Ganzen Zug für Zug sich enthüllt. Nenne man die Arbeit des menschlichen Geistes, die im Besonderen das Allgemeine, in den Myriaden der Dinge die Totalität ihres Wesens belauscht, wie man wolle: sie heisse Philosophie oder Speculation, Metaphysik oder Kosmologie — gleich viel. So oft auch, sonst gewichtige, Stimmen der Gegenwart im Namen der physischen Fächer-Theorieen über die philosophischen Bemühungen alter und neuer Zeit spotten mögen: wir achten auf zünftlerische Verdächtigungen niemals. In einem so ernsten Jahrhundert der allgemeinen Gleichberechtigung dürfen die Arbeiter an der Wissenschaft bloss durch die Gediegenheit ihrer Leistungen einander verdrängen. Und wenn der Maassstab der Beurtheilung nur von dem soliden Gehalte des Wissens und von der Kraft des Gedankens hergenommen wird, womit man die Springpunkte des Verständnisses im unbegrenzten Gebiete des Daseins entdeckt: so befleissigt man sich auch natürlich mehr der historischen Gerechtigkeit als irgend welcher egoistischen, nationalen oder kanonischen Rechthaberei. Wir vermögen bei keinem philosophischen Probleme der Beachtung seiner geschichtlichen Entwickelung uns zu entschlagen. Vornehmlich aber in der Untersuchung über den Freiheitsbegriff gilt uns dieselbe darum für durchaus wesentlich, weil dieser Begriff nicht nur nicht empirisch auf der Hand liegt, sondern in der Allmählichkeit seiner Entwickelung eine Gewähr seiner tiefgegründeten Nothwendigkeit hat. Allerdings beabsichtigen wir an dieser Stelle eine auch nur im Umrisse zusammenhangende Geschichte des Freiheitsbegriffes nicht zu geben. Wohl aber müssen wir behufs seiner Ableitung, mit der kritischen Prüfung und Darstellung der ihn erfüllenden Momente zugleich, die Hauptdaten aus seiner Geschichte besprechen. Dieser Aufgabe zu genügen versucht der „erste Theil" unserer Abhandlung.

Erst nachdem auf vorwiegend inductivem Wege die Möglichkeit einer Aufstellung des Freiheitsbegriffes und dessen nothwendige Fassung für uns beleuchtet ist, kann die Aufgabe entstehen, die Verwendung dieses Begriffes für das deductive Verfahren der philosophischen Theorieen zu erörtern. Die dahin zielende Untersuchung führen wir im „zweiten" und „dritten Theile" dieser Schrift. Die Unterscheidung dieser beiden Theile ist gerechtfertigt durch die doppelte Rücksicht auf die Metaphysik und Kosmologie einerseits — und dann auf die Ethik.

Diese zwiefache Beziehung des Freiheitsbegriffes festzuhalten ist, wie uns scheint, für die ganze Erörterung desselben von grosser Wichtigkeit. Ohne deshalb den Ergebnissen der Untersuchung selbst vorzugreifen, „ob nämlich der Freiheitsbegriff in der Kosmologie allein oder in der Ethik allein oder in beiden Theorieen zugleich ein Princip der Deduction constituiren könne": müssen wir doch unsere ganze Arbeit mit der Auseinandersetzung jener doppelten Beziehung beginnen.

2.
Makrokosmische und mikrokosmische Beziehung des Freiheitsbegriffes.

Unsere Entwickelung wird zwar in einen scharfen Gegensatz gegen die Darstellung des Freiheitsbegriffes auslaufen, welche seine Vertheidiger, aus mancherlei Interesse, zu geben gewohnt sind. Nichtsdestoweniger halten wir es für zweckdienlich, diesen Begriff vorläufig in seiner bekanntesten Gestalt auftreten zu lassen, in welcher er meistens Aushülfe bei der Erklärung der sittlichen und rechtlichen Verantwortlichkeit oder des Ursprunges von Welt und Sünde gewährt.

Hören wir z. B. die Definition, welche M. G. F. Bockshammer (Die Freyheit des menschlichen Willens. Stuttgart. 1821. — S. 16.) gibt: »Die Freyheit ist, negativ ausgedrückt, als Ab- »wesenheit des Zwanges oder der Nöthigung, positiv als bewusste »Selbstbestimmung zu denken, womit eine geistige Persönlichkeit »oder Selbstständigkeit gegeben ist«. Aehnlich sagt H. M. Chalybäus (System der speculativen Ethik. Leipzig. 1850. — Bch. I. Cap. 3. oder Bd. I. S. 111 ff.): »Der freie Wille, oder kurz: die »Freiheit, ist ein Selbstzweck, ein sich aus sich, durch sich zu »eigener Vollendung entwickelndes Princip. ... Wille und Freiheit »sind in sofern identisch, als der völlig entwickelte Wille eben der »völlig freie, seine Eigenschaft Freiheit ist; nur logisch lassen sich »diese Momente in dem Begriffe der Persönlichkeit, welche die »Synthesis beider ist, unterscheiden«. Während diese vorstehenden Definitionen die Freiheit besonders als Eigenschaft des menschlichen Willens berücksichtigen, wendet F. J. Stahl (Die Philosophie des Rechtes. Heidelberg. 1833. 1837. — Bd. II. Abth. I. Bch. I. Absch. I. Cap. 3.) die Definition auf Gott also an: »Freyheit besteht zunächst darin, von nichts anderem bestimmt zu »werden. ... Von nichts anderem bestimmt zu werden, nur seinem

»eigenen Wesen zu folgen, ist indessen nur die negative Bezeichnung »der Freyheit. In ihr unterschiede sie sich nicht von der Noth- »wendigkeit. Auch [?] das nothwendig Wirkende, das Gesetz, der »Mechanismus, ist nicht von anderem bestimmt. Der positive Be- »griff der Freyheit aber ist, dass dieses eigene Wesen, welches »von keinem anderen bestimmt wird, auch ein schöpferisches sey, »d. i. dass ihm eine unendliche [schaffende] Wahl zukommt. ... »Es ist aber dabei keine Gefahr, sich in Zufälligkeit zu ver- »lieren. ... Denn eine solche Wahl kömmt keinem anderen Wesen »zu, als dem persönlichen. ... Die Person aber ist ein be- »stimmtes [?], an Kräften und Eigenschaften reiches Wesen, und »ist selbstbewusster Geist ... und dadurch ist alle Zufälligkeit »und Willkür von der Freyheit ausgeschlossen«. Endlich erinnere man sich, wie Kant[1]) (Kr. d. r. V.), im dritten Theile der Antithetik, gewöhnlich dritte Antinomie genannt, die Thesis über die Freiheit formulirt und erläutert: »Thesis: Die Causalität nach Ge- »setzen der Natur ist nicht die einzige, aus welcher die Er- »scheinungen der Welt insgesammt abgeleitet werden können. »Es ist noch eine Causalität durch Freiheit zu Erklärung derselben »anzunehmen nothwendig. ... Zur Thesis: ... Nun haben wir »die[se] Nothwendigkeit eines ersten Anfanges einer Reihe von Er- »scheinungen aus Freiheit [zwar nur eigentlich] in sofern darge- »than, als zur Begreiflichkeit eines Ursprunges der Welt erforderlich »ist. ... Weil aber [dadurch doch] einmal das Vermögen, eine »Reihe in der Zeit ganz von selbst anzufangen, bewiesen (obzwar »nicht eingesehen) ist, so ist es uns nunmehr auch erlaubt, mitten »im Laufe der Welt verschiedene Reihen der Causalität nach von »selbst anfangen zu lassen, und den Substanzen derselben ein »Vermögen beizulegen, aus Freiheit zu handeln«. Die eigene Ansicht Kants kömmt an dieser Stelle gar nicht in Betracht.

Eine verständlichere Repraesentation der wohl am meisten verbreiteten Fassung des Freiheitsbegriffes wüssten wir kaum herzustellen. Hiernach erscheint zunächst dieser Begriff aus zwei Hauptmomenten constituirt. Das erste ist „negativ": der Gegensatz und die Abwehr zwingender Nöthigung, wobei an einen anderen Zwang, als welchen die gesetzmässig verlaufende Naturordnung oder auch der Wille Gottes üben könnte, schwerlich zu denken ist. Das andere Moment ist „positiv": die als aussernatürliche

---

[1]) Vergl. Werke, herausgeg. von C. Hartenstein. Leipzig 1838. Bd. II. Ss. 358. 360. 362.

Causalität wirkende Setzung einer bestimmten Activität des Subjectes einzig aus dem Subject selbst heraus. Als integrirende Nebenbestimmung erscheint meist die Wahl betont, weshalb auch, äusserlich genug, der ganze Begriff als der der Wahlfreiheit auftritt. Am imposantesten offenbart sich die hier charakterisirte Freiheit nach ihrem positiven und negativen Momente in der »Thathandlung« des Fichte'schen »Ich«, welches sein eigenes Sein und das des »Nicht-Ich« schafft oder »setzt«. (Grundlage der gesammten Wissenschaftslehre. Jena und Leipzig. 1794.)

Die wichtigste Frage, mit der wir hier an diesen Freiheitsbegriff heranzutreten für nöthig halten, ist noch übrig; sie betrifft das Substrat oder Subject, von welchem als Eigenschaft die Freiheit praedicirt wird. Die »geistige Persönlichkeit« oder der »selbstbewusste Geist« oder ein handelndes »Ich« wird uns als selbstverständlicher Träger der Freiheit gekennzeichnet. Abgesehen von dem weittragenden Streitpunkte, ob und inwiefern mit dem Substrate »Person, Persönlichkeit, selbstbewusster Geist« das Praedicat Freiheit vereinbar sei, wenigstens bezeichnen diese Synonyma, so lange man innerhalb empirischer Grenzen bleibt, einen völlig realen, ganz natürlich gegebenen Begriff, welcher der wissenschaftlichen Untersuchung Stand hält. Man kann in den empirischen Grenzen bleiben und doch sogar über die Menschengattung hinaus Individuen annehmen, die als »Personen«, als »geistige Persönlichkeiten« anzuerkennen sind. Jedoch wird, wie es in der Stahl-schen Definition der Freiheit Gottes geschah, nicht nur von Theologen, die mit positivistischen Voraussetzungen sich rechtfertigen können, sondern auch von den meisten Vertretern der Philosophie allen kosmischen und natürlichen Bedingungen schlechthin voraus ebenfalls der Begriff »Person« gestellt, und zwar genauer: das Substrat »absolute Persönlichkeit«, »absolutes Ich« mit dem Praedicat »absolute Freiheit«. Natürlich erweitert sich in diesem Falle das streitige Gebiet. Es ist alsdann nicht nur die Anwendbarkeit des Praedicates Freiheit auf das Subject, sondern vor allem die Statthaftigkeit des Subjectsbegriffes selbst fraglich.

Es ist der Fall annehmbar, dass bei gewissen Voraussetzungen, die sich als unumstösslich erweisen liessen, sowohl die Verbindung des Praedicates Freiheit mit dem Substrate der individuellen Persönlichkeit unmöglich, wie auch die Aufstellung der absoluten Persönlichkeit zum Subjectsbegriffe undenkbar wäre. „Ist alsdann der Freiheitsbegriff als Praedicat überhaupt aus der Wissenschaft zu verbannen, oder ist er, bei vollständiger Erfassung seiner Momente, dennoch an einem Substrate, das nicht individuell, geschweige persönlich wäre, denknothwendig?" Diese Frage hat von philosophischen Koryphaeen Antworten mit ja und mit nein erhalten. Die Untersuchung der Vorbedingungen für eine gegründete Antwort darauf muss unser besonderes Interesse haben.

Der Kürze wegen sei es uns verstattet, für den Hauptunterschied in der Beziehung des Freiheitsbegriffes auf das Substrat, zu dem er so oder so als Praedicat gehört, die Bezeichnung „makrokosmisch" und „mikrokosmisch" zu wählen. Die makrokosmische Beziehung des Freiheitsbegriffes wird dann entweder persönlich oder unpersönlich verstanden werden; seine mikrokosmische Beziehung konnte man stets nur persönlich auffassen.

3.
Ausserwissenschaftlicher Gebrauch des Freiheitsbegriffes.

Der wissenschaftlichen Begriffsentwickelung würde es übel anstehen, wollte sie irgend eine ihrer Argumentationen auf die etymologische Vieldeutigkeit der Wörter oder auf die Existenz weitverbreiteter Vorstellungen nach populärem Sprachgebrauche gründen. Sie darf das nicht bei Vermeidung der Todesstrafe, der Selbstvernichtung durch Paralogismen; und Herbart's (Lehrbuch zur Einleitung in die Philosophie. Königsberg. 1813. 4. Auflage, 1837. Abschn. I. Cap. 2) überaus richtige Forderung einer »Bearbeitung der Begriffe« darf niemals von der Philosophie für antiquirt erachtet werden. An dieser Stelle nun kann es unsere Absicht nicht sein, von dem ausserwissenschaftlichen Vorkommen des Freiheitsbegriffes Argumente für seine wissenschaftliche Gestaltung herzuholen. Vielmehr soll durch diese Vorarbeit nur die lexicologische und populär-usuelle Charakteristik unsres Hauptbegriffes zu dem Zwecke aufgestellt werden, damit jedes nicht wissenschaftlich vermittelte Moment in ihm desto unfehlbarer von seiner philosophischen Dignität fern gehalten werden kann.

Der Begriff Freiheit hat weit vor seiner Einführung in die psychologischen, ethischen und metaphysischen Erörterungen Geltung gehabt und stets neben seiner philosophischen Verwendung behalten. Der sprachgeschichtliche Ursprung[2] desselben liegt bei

---

[2] Die sprachgeschichtliche Entwickelung des Begriffes „Freiheit" wies der Verfasser in einer besonderen lateinischen Abhandlung nach.

den Originalsprachen des Occidents, der griechischen, lateinischen und gothischen, im social-politischen Gebiete. „Frei" wurde da zunächst der Bürger (Bürgerssohn) genannt, sofern weder ausländische Geburt noch Gefangenschafts- oder Schuldverhältnisse ihm die volle rechtliche Theilnahme an den nationalen Lebensbewegungen in seiner Stadt oder seinem Staate beschränkten. Es war die „Freiheit" der Gegensatz des „Sclaventhumes". Von den einzelnen Bürgern ging zugleich die Eigenschaft der Freiheit über auf das politische Ganze, den Staat oder das Volk, welchem mit jenem Praedicat unbeschränktes Recht oder Vermögen der Existenz zuerkannt wurde. Erst aus dieser ursprünglichen Bedeutung des Wortes, welche immer auf sociale und politische Verhältnisse sich bezog, entwickelte sich, wahrscheinlich mittels Durchganges durch die Verbalbildung („befreien"), die verallgemeinerte. Nun drückt „die Freiheit oder das Freisein von etwas" in den vielfältigsten Beziehungen nur allgemein eine „Unbeschränktheit", ein „Uneingeengtsein" aus — man könnte sagen eine »Negation einer Negation«.

Mögen wir beide Bedeutungen des Wortes, die ursprüngliche wie die verallgemeinerte, einen Augenblick in ihren Anwendungen durch den populären Sprachgebrauch verfolgen. Dabei nehmen wir zugleich Gelegenheit, diejenigen Vertreter der Philosophie zu berichtigen, welche — ohne das bestimmt zu erklären — so oft, an Punkten von rein scientifischem Interesse, die Wörter „frei" und »Freiheit« brauchen, indem sie dieselben einfach im populären Sinne verstehen, obwohl es den Anschein hat, als sollten dieselben den specifischen Freiheitsbegriff der Philosophie vertreten. Es liegt auf der Hand, dass in der populären Ausdrucksweise des praktischen Verkehrs der Gebrauch des Begriffes „Freiheit" nichts verfängliches hat und nie eine Praetension birgt. Darum gedenken wir auch diesen unverfänglichen Sprachgebrauch nirgends zu corrigiren. In Ausdrücken wie „freie Männer oder Völker", „Freiheit der Gedanken, der Rede, der Wissenschaft" ist unser Begriff der verständlichste und unschuldigste von der Welt. Er besagt nichts anderes als etwa „Uneingeschränktheit" derjenigen Lebenspotenzen, welche als berechtigte sich behaupten wollen oder müssen. Die Negation einer widersinnigen Einschränkung, Behinderung oder Bedrückung — das ist das ganze Geheimniss dieser vielgestaltigen, hundertköpfigen Freiheit, die überall ist, wo die Natur in ihrem ewig wieder geborenen Leben Neues hervorbringt, das an die Stelle des Alten treten will und muss. Nun hat es, meinen wir, auch nichts räthselhaftes, wenn einmal ein unphilosophisches Menschenkind sagt: „ich habe meinen oder einen freien Willen." Diese Behauptung stellt der Mensch im gewöhnlichen Leben auf, wenn er weiss, dass sein Wille an einem anderen Willen keine lästige Schranke hat oder anzuerkennen braucht. Auch bezeichnet man mit dem „freien Willen" wohl den „starken Willen", welcher widerwärtige Hindernisse, die von aussen sich darbieten, oder störende Neigungen und Leidenschaften der eigenen Constitution thatkräftig besiegt.[3] „Ich bin mein freier Herr, ich kann, was ich will", sagt der selbstbewusste Mann, wenn er seinen durch gute Gründe gestützten und klar erkannten Willen durchzusetzen entschlossen ist. Von einer Ursachlosigkeit und Grundlosigkeit im praegnanten Sinne ist bei „freien Willensacten" des unphilosophischen Menschen die Rede nicht. Was vulgär „Willensfreiheit" heisst, das bedeutet in Wahrheit nichts weiter als das Vermögen des Menschen, seine Willensäusserungen trotz hemmender Einflüsse, die innere oder äussere sein können, trotz eines gewissen Zwanges durchzusetzen. Wenn nun derselbe Ausdruck in der Wissenschaft nichts anderes bedeuten soll, so erschiene es uns dringend geboten, ihn dort gänzlich zu unterdrücken, da er wegen der Dogmengeschichte, die er hat, doch jedesmal an seine philosophische Gestaltung erinnert und so Verwechselungen schlimmster Art verursacht. Man kann z. B. mit Herbart's psychologischen Anschauungen sehr befreundet sein und dennoch die Anwendung des Ausdruckes »Freiheit des Willens« bei ihm durchaus tadeln, da er darunter eben nur »die gesicherte Herrschaft der stärksten Vorstellungsmassen über einzelne Affectionen« versteht. Bei Beneke, der so werthvolle psychologische Forschungen geführt hat, ist die Freiheit auch weiter nichts als etwa der „starke Wille", welchem sittliche Energie eigen ist. Drobisch lässt die »menschliche Willensfreiheit« mit der »moralischen Statistik« sich auseinandersetzen. Indem er jenen Begriff in ganz moderirtem Sinne aufrecht erhält, ist derselbe denn doch eben nur die Fähigkeit des (gesund organisirten) Willens, eine sittliche Grundrichtung einzuschlagen. Es mag gut sein, wenn der Recensent[4] dazu sagt: »Mit diesen Ergebnissen, denken wir, kann die religiöse oder philosophische Moral ebenso zufrieden sein, wie die Statistik.« Was

---

[3] Vgl. M. Aurelius Anton., *Commentar. in se ipsum.* X, 33.
[4] Vgl. Literar. Central-Blatt für Deutschland. 1867. Nr. 3. S. 74.

man populär „sittliche Freiheit" nennt[5]), ist gewiss nichts geringeres als die Willenskraft, Bestrebungen und Grundsätze, die man als gut, als sittlich nothwendig erkannt hat, erfolgreich zu bethätigen. Diese sittliche Freiheit (d. h. innerlich gereifte, vom Zwange der Furcht und des Gesetzes unabhängige Sittlichkeit) ist ebenso sacrosanct und unsterblich wie das Recht der Menschen, geboren zu werden. Sie ist aber für jedermann verständlich und muss in der Wissenschaft entweder anders benannt werden, oder es muss bei ihrem Begriff die Notiz stehen, dass sie nicht verwechselt werden solle mit der in der Philosophie so sehr streitig gewesenen „Freiheit der Willensentscheidung ausserhalb des Causalitätsverbandes."

Noch bleibt eine Berücksichtigung der populären Vorstellungen von metaphysischer Färbung übrig, wiefern auch in ihnen der Freiheitsbegriff sich findet. Hier ist es vornehmlich die Vorstellung von der Allmacht, mit welcher eigentlich *implicite* stets die Freiheit von der Gottheit praedicirt wird. Der populäre Gottesbegriff ist ohne das Moment der Allmacht wohl nie vorhanden: nur ist die Stellung dieses Momentes in der Summe der übrigen verschieden, je nachdem die religiöse Anschauungsweise rein naïv oder träumerisch verschwommen oder nüchterner, ernster, mehr ethisch ausgearbeitet ist. Diese Allmacht besteht genau darin, dass die Gottheit im eigentlichen Sinne alles und jedes vollbringen und wollen kann, was sie will. Das ist in dem gewöhnlichen Vorstellen die eigentliche Freiheit, die nun keine Schranke, auch nicht die leiseste Schranke eines inneren Grundes mehr hat. Bei dem denkträgen Orientalen überwuchert diese unreife Vorstellung absoluter Willkür dermaassen alles Gefühl für die gesunde Natürlichkeit, dass er im lückenlosen Fatalismus verkommen muss. Die naïven Natur-Gläubigen des hellenischen Alterthums sahen leicht den harmonievollen Zusammenhang aller kosmischen und ethischen Phänomene. Sie entdeckten bald, dass es Freiheit, goldene Freiheit in der Welt gibt: aber maassvoll und mit der allgemeinen Harmonie verträglich musste ihre Freiheit sein. Darum waren die olympischen Götter selbst, bei all' ihren grandiosen, individuellen Leidenschaften, dem allgemeinen Weltgeschicke, dem „Verhängniss (Κήρ, Μοῖρα, Αἶσα)" unterworfen[6]). Wir müssten da eigentlich die

---

[5]) Vgl. L. Annaeus Seneca. *Ad Lucilium Epistolae.* 37, 3. 4.

[6]) Vgl. Pittacus Mityl. bei Diogenes Laërt. (*Vitae Philosoph.* I, 77.): Ἀνάγκᾳ δ'οὐδὲ θεοὶ μάχονται. — Dazu vgl. A. Trendelenburg, Historische Beiträge zur Phil. Berlin. 18⁴⁶/₆₇. — Bd. II. Ss. 112 ff.

metaphysische Freiheit in dem suchen, was die griechischen Tragiker „die Nothwendigkeit" nannten, die als die einzige autonome Weltmacht jedes individuelle Uebermaass unbeugsam in die gehörigen Schranken zurückweist. Bei christlicher, d. h. ethischer Religionsanschauung wird die Allmacht, die Freiheit Gottes sinnvoll so dargestellt, dass sich dieselbe aus den eupathischen Beweggründen der Liebe, der Gnade, selbst beschränke. Da ist Gott zwar absolut frei: aber er will nicht alles, was er wollen und vollbringen könnte: er will nur, was seiner Liebe, seiner Heiligkeit entspricht. Berührungspunkte mit dem philosophischen Freiheitsbegriffe in der makrokosmischen Beziehung sind hier offenbar vorhanden.

4.
Voraussetzungen für die wissenschaftliche Definition.

J. Locke. *An essay concerning human understanding.* London. 1690 — und dagegen G. Gu. Leibnitz. *Nouveaux essais sur l'entendement humain.* [Bei R. E. Raspe, in den *„Oeuvres phil. tirées des manuscrits. Amst. et Leips.* 1765"] — B. de Condillac. *Essai sur l'origine des connaissances humaines. Amst.* 1746. — *Traité des sensations. Londres.* 1754. — D. Hume. *Enquiry concerning human understanding. Lond.* 1748. — J, Kant. Kritik der reinen Vernunft. Riga. 1781. 1787. (Wke., hrsg. von C. Hartenstein. Leipzig. 1838. Bd. II.) — J. F. Herbart. Hauptpunkte der Metaphysik. Göttg. 180⁶/₈. — Hauptpunkte der Logik. Göttg. 1808. — F. E. Beneke. Erkenntnisslehre. Jena. 1820. — Erfahrungslehre. Berlin. 1820. — A. Schopenhauer. Ueber die vierfache Wurzel des Satzes vom zureichenden Grunde. [3. Aufl. von J. Frauenstädt.] Leipz. 1864. — A. Trendelenburg. Logische Untersuchungen. 2. Aufl. Leipzig. 1862. — Jac. Moleschott. Der Kreislauf des Lebens. Mainz. 1852. — H. Lotze. Mikrokosmus. Leipz. 1856. — Th. Waitz. Anthropologie der Naturvölker. Leipzig. 1859. — Fr. Ueberweg. System der Logik und Geschichte der logischen Lehren. Bonn. 1857. — J. St. Mill. *A System of Logik, rationative and inductive. London.* 1843.

Die erkenntnisstheoretischen Fundamente zu erfahren, von denen aus eine wissenschaftliche Untersuchung geführt wird, ist heutzutage jedermanns erstes Bedürfniss, wenn er einer solchen folgen soll. Die für unseren Versuch einer Definition der Freiheit geltenden Voraussetzungen logischer Art fassen wir kurz in folgende neun Thesen zusammen. Die elementare Begründung derselben kann an diesem Orte von uns schwerlich verlangt werden. Wir müssen hier statt dieser Begründung an das grosse Andenken der kampfreichen Jahrhunderte logischer Forschung appelliren.

I. Skepsis ist ein unerlässliches Moment der wissenschaftlichen Erkenntniss. Skepsis um ihrer selbst willen geübt, oder die sogenannte absolute Skepsis, kann einerseits nur als absichtliche Sophisterei, andererseits nur als gänzlich mangelhafte Denk-Organisation oder Denk-Bildung angesehen werden.

II. Erkenntniss ist die Auffassung von Verhältnissen, in denen die kosmischen Elemente unter einander stehen. Sie ist soweit möglich, als das erkennende Subject selbst ein aus den kosmischen Elementen hervorgegangener Organismus ist. Geringe Mischung und Durchdringung der Elemente im Organismus bedingt geringe (Empfindung, Wahrnehmung und) Erkenntnissfähigkeit.[1]) Die menschliche Erkenntniss reicht so weit, als im menschlichen Organismus die kosmischen Elemente ihre homogenen Vertreter und demgemäss die kosmischen Verhältnisse ihren entsprechenden Reflex haben.

III. Das Erkennen kömmt durch Reaction des Organismus in seiner Totalität gegen die Eindrücke der kosmischen Phaenomene zu Stande. Die Continuität in der Unterscheidung dieser Reactionsthätigkeit von den Sollicitationen ist das Bewusstsein.[8])

IV. In der Einheit des Bewusstseins gegenüber dem Wechsel seiner Sollicitationen ist subjectiv der Causalitätsbegriff begründet. Derselbe besteht rein-subjectiv nur in der Wechselbeziehung von Vorstellungen, die aus verwandten Sollicitationen entspringen, d. h. in der Wechselbeziehung von Erkenntnissgründen.

V. Die wissenschaftliche Erkenntniss vertieft den Causalitätsbegriff objectiv zum System der kosmischen Ursachen, d. h. der Realgründe.

VI. Daher begnügt die Wissenschaft sich nicht mit blossen Erkenntnissgründen, welche meist nur der phaenomenalen Wirkung complicirter Verhältnisse entstammen; sondern sie geht von den

---

[1]) Der Begriff »Seele« ist wissenschaftlich noch nicht festgestellt. Er kann auch erst dann, wenn er überhaupt als kosmisches Element nachweisbar wird, als besonderes Element in den Organismen (und nicht bloss als Totalverhältniss der darin sonst bekannten Elemente) aufgestellt werden.

[8]) Der Ausdruck »Selbstbewusstsein« besagt nicht mehr als „Bewusstsein"; er ist eher statthaft, wo die blosse Subjectität des Intellects, als Schema des Erkenntniss-Inhaltes, hervorgehoben werden soll. Ein Inhalt des Selbstbewusstseins ist nur denkbar, sofern die Subjectität auf Objectives reagirt. Vergl. A. Schopenhauer. Die beiden Grundprobleme der Ethik. Frankf. a. M. 1841. (60. 64.) I. 1—3.

Erkenntnissgründen mittels der Analyse oder der Induction auf die immanenten Ursachen der Phaenomene über.

VII. Wenn Phaenomene auf ihren Realgrund (wegen unzureichender Forschung oder wegen gänzlicher Unzugänglichkeit) nicht zurückführbar sind, so muss dies im wissenschaftlichen Verfahren ausdrücklich hervorgehoben werden. Die „Annahme" eines Realgrundes aus dem Vorhandensein von Erkenntnissgründen mittels „Schlusses" ist eine Hypothese oder ein Postulat.

VIII. Zu synthetischer Construction, d. h. zur deductiven Ableitung kosmischer Phaenomene, physischer oder ethischer, ist ein hypothetisches Postulat nur anwendbar, wenn die dafür beigebrachten Erkenntnissgründe einander selbst nicht widersprechen und durchaus keinen sonst bekannten Realgrund wider sich haben.

IX. So weit die Wissenschaft im Stande ist, Kenntnisse und Erkenntnisse in einem System von Realgründen darzustellen, mag sie die exacte heissen. Alle ihre Arbeiten und Untersuchungen, welche darüber hinaus liegen, können nur als „Wahrscheinlichkeitsforschung" betrachtet werden, bis die jedesmaligen Schranken hinlänglich aufgehoben sind.

5.
Hauptdaten aus der Geschichte des Freiheitsbegriffes.

J. E. Erdmann. Grundriss der Geschichte der Philosophie. Berlin. 1866. 2 Bde. — Versuch einer wissenschaftlichen Darstellung der Geschichte der neueren Philosophie. Riga und Leipzig. 18^{34}/$_{53}$. 3 Bde. — F. Ueberweg. Grundriss der Geschichte der Philosophie. I. Das Alterthum. 2. Aufl. 1865. II. Die patristische und scholastische Zeit. 2. Aufl. 66. III. Die Neuzeit. Berlin. 1866. — H. M. Chalybäus. Historische Entwickelung der speculativen Philosophie von Kant bis Hegel. Dresden. 1860. — Kuno Fischer. Geschichte der neueren Philosophie. Mannheim. 18^{55}/$_{65}$. 4 Bde. — A. Trendelenburg. Histor. Beitr. zur Philosophie. Berlin. 18^{46}/$_{67}$. 3 Bde.

Wenn von dem Entwickelungsstadium aus, in welchem die wissenschaftliche Bildung der Gegenwart begriffen ist, scheinbar leicht hingeworfene Urtheile möglich sind, die vergangene Leistungen als überholt darstellen; so wird das gewiss bei dem umsichtigen Beobachter nicht jenes ungünstige Vorurtheil erwecken, als ob mit antiquirten Resultaten zugleich die Gedankenarbeit früherer Zeiten in ihrem culturgeschichtlichen Werthe für nichtig erachtet würde. Das scharfe historische Gewissen unserer Zeit erlaubt eine Unterschätzung des vorbereitenden Werthes irgend einer, in ihren Resultaten noch so verkehrten Forschung so wenig, als die Bekanntschaft mit physikalischen oder chemikalischen Experimenten eine verächtliche Miene beim peniblen Gebrauch des Mikroskop's oder des Prisma's zulässt. Wir müssen aber im Namen der Autonomie der Wissenschaft jene Unbefangenheit gänzlich in Anspruch nehmen, womit man die vorbereitende Bedeutung Platon's oder Epikur's oder Kant's ungemein hochschätzen, gleichwohl aber Philosopheme derselben, die ungegründet sind, mit aller Befugniss verneinen kann.

Gerade in der Geschichtsdarstellung für unsren hier fraglichen Hauptbegriff gehen, wie uns scheint, die historische Würdigung und die wissenschaftliche Verurtheilung dicht neben einander her.

Den Anstoss zur Entwickelung des Freiheitsbegriffes hat die griechische Philosophie gegeben, selbst ohne dass sie die ihn bildenden Momente unter demselben Namen zusammenfasste. Die mikrokosmische Beziehung des Begriffes findet sich jedoch im ganzen Alterthume eigentlich nur in schwachen Spuren und ziemlich spät. In der „makrokosmischen" Beziehung, persönlich gefasst, erscheint der Begriff, abgesehen von der elementaren Vorphilosophie, zuerst bei Anaxagoras von Klazomenae. Der »Weltgeist« bei ihm ist, wenn auch (vielleicht) nicht das allein Ewige, wenigstens das einzig Unabhängige und Bestimmende, von dem die Natur des Alls in ihrer Ordnung abhängt.[9]) Platon und Aristoteles rügten an Anaxagoras, dass er das Verhältniss von Geist und Natur zu äusserlich darstelle. Durch Platon erhielt der makrokosmische Freiheitsbegriff ein neues Moment. Er erklärte die »Zweckmässigkeit« als Ausdruck der Gegenwart dessen in der Welt, das wir für ihn die ursachlose, ewige, alles bedingende »Ideentotalität« oder »Gottvernunft« nennen möchten. Dagegen weist die von der weltbildenden Gottvernunft [= δημιουργός] determinirte Materie [= ἡ δεξαμένη] als inhaerente Eigenschaft die mechanische Nothwendigkeit auf. Die Aufgabe, die Platon dem Philosophiren stellt: zu unabgeleiteter Erkenntniss [ἐπ' ἀρχὴν ἀνυπόθετον] zu führen, die Unwandelbarkeit seiner »Ideen«, die das All durchwaltende und gestaltende Intelligenz seines Gottes, den wir, bei der oft mythenartigen Natur seiner Ausdrücke, oben selbst benennen mussten: diess alles beweist, dass seiner Philosophie der makrokosmische Freiheitsbegriff mit dem negativen Momente

---

[9]) Vgl. Anaxagoras bei Simplicius. *Ad Aristotelis Phys.* Fol. 35. A.: ὁκοῖα ἦν καὶ ἄσσα νῦν ἔστι καὶ ὁκοῖα ἔσται, πάντα διεκόσμησε „νόος".

der Unabhängigkeit und — dem teleologischen der Zwecksetzung eigen ist. Ausserdem muss für eine spätere Stelle vorausbemerkt werden, dass Platon durch die Lehre von der Praeexistenz der menschlichen Seele auch für die Ausbildung des mikrokosmischen Freiheitsbegriffes vorbereitend gewirkt hat.[10]) Zu Grunde kritisirt wurden Platon's Philosopheme durch des Aristoteles Polemik gegen die Ideologie, mehr aber noch durch desselben Aufstellung der Logik. Die formale Bedeutung der Aristotelischen Logik ist gewissermassen universell. Trotzdem hat sie so oft ihre Verbindung mit den wunderlichsten makrokosmischen und psychologischen Hypothesen gestattet. Aristoteles selber behielt als integrirendes Moment seiner Philosophie[11]), neben der räumlich begrenzten, zeitlich unbegrenzten Welt, den Begriff seiner stofflosen, reinen, intelligenten »Energie« [κινοῦν πρῶτον οὐ κινούμενον]. Unfraglich repraesentirt diese ursachlose, stofflose, nur im Denken das All durch »Zwecksetzung« [κίνησις] determinirende »Gottactualität« den personificirten Freiheitsbegriff. Aristoteles hatte denselben, wie Platon, makrokosmisch-persönlich und teleologisch; aber er hatte zugleich das klarste Bewusstsein davon, dass seine rein geistige »Gottentelechie« eine Hypothese war. Uns scheint, er veräusserlichte zu sehr den gleichsam hypostasirten Begriff des Zweckes oder der Bewegung in der Loslösung von der Materie. Das Band der Einheit fand er dann, zumal die Zeit eine andere Form für den Ausdruck eines idealen Denkens wohl kaum zuliess, nur in seinen Theologumenen. Dadurch würde jedoch für ihn das Feld der exacten Wissenschaften nie beengt worden sein, die nach seinen Principien den Charakter innerer Nothwendigkeit überall behalten, wenn auch für die Existenz und innere Natur des Nothwendigen seine metaphysische Voraussetzung die ursachlose, intelligente Actualität Gottes ist.

Die Stoïker brachten in ihrem Versuch, den kosmologischen Grundanschauungen überall den Charakter der völligen Immanenz von Geist und Materie zu geben, diesem Einheitsgedanken die ideelle Selbstständigkeit der (Gott-)Vernunft zum Opfer. Ihre mehr realistische als empiristische Naturerklärung, welche freilich im Grunde nur Vorbereitung für ihr äusserst dogmatistisches Ethisiren war, krönten sie mit einem gewissen Gottesbegriffe, nämlich mit

---

[10]) Vgl. Platon. Theaetet. — „Timaeus". — „Philosophus". — „Philebus". — [Phaedo. — Meno. — Phaedrus. — Republ. IV. X.]

[11]) Vgl. Aristoteles. Anal. — Met. — Phys. — *De coelo.*

dem des »Verhängnisses« [Εἱμαρμένη] oder der »Vorsehung« [Πρόνοια]. In diesem Begriffe fehlte, wenn auch die Persönlichkeit darin zuweilen betont wurde, das den Freiheitsbegriff constituirende negative Moment der Unabhängigkeit so gut wie das positive der Setzung einer aus dem Subjecte entspringenden Activität, durch welche erst der Causalnexus determinirt würde. Vielmehr ist die Gottheit der Stoïker wirklich mehr selbst determinirt als determinirend. Schon die Anschauung des Werdens und Vergehens der Welt in immer gleichartiger Wiederkehr, erinnernd an des Herakleitos »ewigen Fluss des Alls« und an das starre »Sein« des Parmenides zugleich, verbot die Annahme eines „πρῶτον κινοῦν" mit dem Praedicat der Freiheit.¹²) Uebrigens entstammten die Philosopheme über jene fatalistische Vorsehung, der die Willkür gänzlich abging, einer Verschmelzung des Begriffes der logischen Nothwendigkeit mit der oben (Cap. 3.) erwähnten ethisch-religiösen Vorstellung der auch die Götter beherrschenden »Ker«. Des Epikur¹³) Annahme automatischer Vorgänge ausser den ewig unveränderlichen Atomen war weder makrokosmisch noch psychologisch ein wissenschaftliches Erklärungsprincip; sie war nur ein sicher bewusster Protest gegen jede mythische oder scientifische Formel, welche das Denken zu voreiligem Stillstande und das Gewissen zu perennirender Angst verurtheilen könnte.

Das Vorhandensein des Freiheitsbegriffes in Anwendung auf den menschlichen Willen sprechen wir der antiken Philosophie der Sache nach bestimmt ab und gestehen es dem Worte nach ihr nur scheinbar zu. In allen Untersuchungen der Alten, welche die psychologische oder ethische Natur des menschlichen Handelns betrafen, war die natürliche Determination des Willens durch ein jedesmaliges Vorstellungsobject die selbstverständliche Voraussetzung. Die »Wahl« [προαίρεσις bei Aristoteles; »arbitrium«] war nicht reine Selbstbestimmung des Subjectes, sondern nur das Bewusstwerden der in verschiedener Stärke einer Willensdetermination vorangehenden Objects-Vorstellungen. Der Grad der bei der Willensentscheidung verwendbaren Intelligenz war für das sittliche Subject ethisch indifferent. Denn die Intelligenz, auf welche die scheinbaren Freiheitserklärungen der Alten, besonders

---

¹²) Vgl. Cicero. *De natura deorum.* — *De Fato.* — L. Annaeus Seneca. *Epistt. ad Lucil.* — Diogenes Laërtius. *Vitae philosophorum.* — [Eusebius. *Praepar. evangel.* — Io. Stobaeus. *Eclogae.* —]
¹³) Vgl. Cic. und Diog. wie in Note 12, und Lucretius, *De rerum natura.*

der Stoïker, zu beziehen sind, galt überall als Anlage, selbst[14]) wenn man sie von Gott ableitete. Die mikrokosmische Beziehung bekam unser Begriff erst auf dem Boden der von nationalen Traditionen abgelösten und durch energische Religiosität vertieften Lebensbewegung, welche durch den innerlich-ethischen Christianismus mit Anlehnung an den mosaisch-prophetischen Majestätsbegriff der göttlichen Heiligkeit ihren Anstoss erhielt. Da ward das Problem aufgestellt, wie der aus religiöser Geistesrichtung stammende Begriff der menschlichen Schuld als Sünde, zugleich in seiner Verallgemeinerung zum Weltbösen, gegenüber der allvollkommenen Güte des ewigen Gottes gerechtfertigt und erklärt werden könne. Diese Frage nöthigte die Theologie zur Construction des mikrokosmischen Freiheitsbegriffes. Die Anwendung des makrokosmischen Begriffs, wie er von Platon und Aristoteles vorbereitet war, auf den persönlichen Gottesbegriff der hebräischen Religion geschah gleichzeitig und meist in der Form der antiken Philosophie. Aus dem von vielen Seiten interessanten, kampfreichen Processe der Dogmenbildung[15]), den wir auf positivistischen Grundlagen in wissenschaftlicher Form durch die Jahrhunderte von Philo bis Descartes verlaufen sehen, tritt uns unzählig oft der Freiheitsbegriff in seiner doppelten Beziehung entgegen. Im Ganzen ist seine Hauptgestalt aus jener Zeit die folgende.

Die Freiheit Gottes war unverlierbare Eigenschaft des rein geistigen, persönlichen Wesens Gottes. Ihr negatives Moment lag in der gänzlich transmundanen, völlig nach Raum und Zeit wie nach der Beziehung zu Geistern und Körpern unbedingten, ursachlosen Existenz Gottes. Ihr positives Moment, im Selbstdenken und in der (trinitarischen) Selbstunterscheidung Gottes gegründet, war »Schöpfung« der Geister und der Materie aus Nichts nach rein subjectivem Ermessen Gottes. [»*Arbitrium liberum*« = ewig vorausgewusster Rathschluss Gottes = ewige Erwählung.][16]) Unwesentlich dabei war, ob man die Schöpfung als zeitlich be-

---

[14]) Man denke z. B. an Platon's Praeexistenz der Seele vor dem Leibe, sowie an des Aristoteles Erklärung, wonach der νοῦς in die Seele θύραθεν eingeht.

[15]) Vgl. Chr. W. Niedner. Einleitung in die Geschichte der Philosophie und Theologie christlicher Zeit als Wissenschaft und Lehre. Berlin. 1866.

[16]) Bei Aristoteles war das positive Moment der Freiheit Gottes bloss die teleologische Formgebung an die als Negativum existirende Materie.

grenzte oder als ewig perennirende fasste. Wesentlich aber war, dass der Schöpfer als unbeschränkter Regierer der (aus Liebe) in's Dasein gesetzten Welt fortwährend freie Bestimmung und Verfügung über sein Werk und die demselben eingehauchte gewöhnliche Ordnung [die Naturgesetze] behielt. So war, nebenbei bemerkt, das Naturleben zu wesenloser Erscheinung herabgesetzt und die ideelle Einheit des Seins in Gottes freier Intelligenz und Allmacht hypostasirt.

Die Freiheit der geschaffenen Individuen war, gegenüber der aus Liebe geübten Enthaltsamkeit Gottes, die anerschaffene Eigenschaft der ihrer Existenz nach nicht anfangs- und ursachlosen, aber unsterblichen Persönlichkeit (der Engel oder) des Menschen. Das negative Moment der Freiheit bestand hier in der anerschaffenen Unabhängigkeit [17]) von dem Willen Gottes sowohl wie von der Anziehung durch die Welt. Das positive Moment zerlegte sich in die Wahl [arbitrium liberum] und in die definitive Selbsthingebung an die eine oder die andere Art der Lebensrichtung. Die Wahl vor der definitiven Entscheidung fand — gemäss der teleologischen Schöpfung — zwischen Hingabe an Gott und Hingabe an die (aus selbstischer Täuschung für selbstständig gehaltene) Welt statt. Der Grad der Intelligenz bei der Wahl entsprach dem Grade der Willensstärke durchaus. So fiel das Motiv der definitiven Entscheidung gänzlich in die ursprünglich »natürlich«-gute Persönlichkeit. Deren ethische Qualification beginnt erst mit der Entscheidung: sie wird »sittlich«-gut durch Selbsthingabe an das Leben in Gott; sittlichböse, sündig, schuldig durch die Selbsthingabe an das Leben in der (ausser Gott betrachteten) Welt. Unwesentlich für den Menschen hierbei war, ob die Wahl unter Einfluss schon determinirter Persönlichkeiten (— der Engel oder Teufel —) vor sich ging oder nicht, und ob, realistischer, der erste Mensch allein oder, rationalistischer, jeder Mensch frei war. Auch die Unterschiede, ob die Menschenseelen vor [18]) oder mit dem Leibe geschaffen würden, oder in der Zeugung mittelbar entständen, waren von keinem Belang. Aber wesentlich war die ganz

---

[17]) Den gleichen Gegensatz gegen die Determination durch Gott und gegen die Necessitation durch den Causalnexus der Welt nannte man *libertas aequilibrii*.

[18]) Die Platonische Praeexistenz der Seele hat ihren bedeutendsten Fortbildner in Origenes gehabt, dem unter den Theologen neuster Zeit Jul. Müller (Die christl. Lehre von der Sünde. 1839. 1856. 1865) sich wieder angeschlossen hat.

subjective Selbstdetermination der geschaffenen Persönlichkeit: denn darin allein fand man das Praeservativ gegen die Ableitung des Bösen aus Gott selbst oder aus der von ihm gut und vollkommen geschaffenen Natur. Die Unvollkommenheiten der natürlichen Welt wurden erst verursacht durch den ethisch-verkehrten und auch wider-teleologischen Abfall der freien Creatur von Gott.

Auf der Grenze des modernen Zeitalters realistischer Wissenschaft und des Mittelalters der Philosophie vertrat **Descartes** energisch den Freiheitsbegriff.[19]) Er leitet das System der Realgründe der Welt und den Causalitätsbegriff aus der Wesens- und Willensfreiheit des persönlichen Schöpfergottes ab und braucht die Freiheit des menschlichen Willens, um daraus die falsche Erkenntniss zu erklären. Nicht aus der Wahrhaftigkeit Gottes, meint er, noch aus der nach dem Gesetz der wirkenden Ursachen erkennbaren Welt stammt der menschliche Irrthum, sondern aus der Willensfreiheit.

Eine neue Gestalt gewann der Freiheitsbegriff durch **Spinoza**.[20]) Sofern derselbe, seinem eigenthümlichen Individuationsprincip gemäss, nichts Endliches als irgendwie selbstständig, sondern alle existirenden Einzeldinge nur als »Affectionen« der absoluten »Substanz« nach ihren »unendlichen Attributen« auffasst, verliert er die mikrokosmische Freiheit selbstverständlich. Der menschliche Wille ist, nach seiner Meinung, total — wenn auch durchaus nur »mittelbar« — determinirt. Wenn er gleichwohl von der menschlichen Freiheit ausfürlich handelt, so versteht er darunter nur die Befreiung des Gemüthes aus der knechtischen Unterwürfigkeit unter die Leidenschaften. Da er die Leidenschaften selber aus inadäquaten Vorstellungen erklärt, so geschieht die Befreiung natürlich nicht durch ursachlose Willensentscheidungen, sondern durch allmähliche Umgestaltung der Vorstellungen in adaequate. Die makrokosmische Beziehung des Freiheitsbegriffes dagegen ist dem **Spinoza** durchaus eigen; aber das Subject, von dem er die Freiheit praedicirt, ist unpersönlich. Natürlich die »Substanz« allein ist nach ihm frei, aber zwar nicht in teleologischer Willensthätigkeit, sondern nur in ihrem Wesen und in ihrer Existenz. Die Substanz, von

---

[19]) Vgl. **Cartesius**. *Medit. de prima philosophia. IV.* — Ausserdem vergl. B. de **Spinoza**. *Principia philosophiae more geometr. demonstr. Part. I. propp. XIII. XV.* — *& Appendix continens Cogit. Metaph. Part. I. cap. III. §. 10.*

[20]) Vgl. B. de **Spinoza**. *Ethica.* — *Tract. de intellectus emendatione.* —

nichts ausser ihr abhängig, ist also »ursachlos« [*causa sui*]; sie wird auch durch keinen ausser ihr liegenden Zweck determinirt. So darf sie selbst, als Substanz, auf das Einzelne nicht unmittelbar, sondern nur durch die Totalität alles einzelnen mittelbar bezogen werden. Daher aber verknüpft Spinoza mit dem Freiheitsbegriffe auf's Engste den der »Nothwendigkeit«. Denn da die Substanz in keiner Weise persönlich-eupathische Beziehungen hat, sondern diese nur an ihren Modificationen, an den Individuen, hervortreten; so geschieht in der Totalität ihrer Modificationen durchaus nichts mit beabsichtigter Vorliebe, sondern das ursachlose Wesen der Substanz lebt sich ganz dar. Frei ist also das Sein und Wesen der Substanz; aber ihre Modificationen [Wirkungen] gehen aus der Unendlichkeit ihrer Attribute mit (innerer) Nothwendigkeit hervor. — Bei Spinoza liegt das Fesselnde und Hinreissende des Systems nicht in der Consequenz seiner [oft nach der Weise der Zeit ganz willkürlichen] Argumentationen, sondern in seiner grossartig einfachen Einheits- und Individuations-Hypothese.

In Leibnitz[21]) gieng, soweit er rein-philosophisch seinen „harmonistischen Ideal-Atomismus" durchführte, der Freiheitsbegriff vollständig zu Grunde. Erst in seinen »*Essais de Théodicée* (Amst. 1710)« rettete er die Allmacht, die schöpferische Güte der »Urmonade«, damit also die bekannte „persönlich-makrokosmische Freiheit". Hingegen löste er den Begriff der menschlichen Freiheit geradezu auf, wenn er dieselbe in eine „Selbstentscheidung nach erkannter Gesetzmässigkeit" umdeutete.

Als die neben der dogmatistischen Philosophie-Entwickelung des 16., 17. und 18. Jahrhunderts in England, Frankreich und auch in Deutschland mächtig fluthende skeptisch-empiristische Strömung ihre classische Würde und Weihe durch Kant erhielt, erfuhr der Freiheitsbegriff die gründlichste Prüfung nach seinem ganzen Umfange[22]). Nach gethaner Untersuchung, nach der kritischen Polarisation von Thesis und Antithesis, entlässt Kant den Freiheitsbegriff unter die mancherlei Praedicate des »Dinges an sich«[23]). Er verbot der Wissenschaft den Umgang mit diesem

---

[21]) Vgl. J. E. Erdmann: *G. G. Leibnitii opera philos. quae exstant Latina, Gallica, Germanica omnia. Berolini, 1840.*

[22]) Vgl. J. Kant. Kritik der reinen Vernunft. Riga, 1781. 1787. [Wke., herausg. von C. Hartenstein. Leipz., 1838. Bd. II.] Antinomie der Vernunft: 1. Abschn. — 2. Abschn. 3...

[23]) Vgl. ebendort: 9. Abschn. III.

»Dinge an sich«: dasselbe sei nur an seinem Schatten zu studiren: die Phaenomene alle stehen in totalem Causalnexus und lassen die Frage nach einer ersten Ursache unmöglich zu. Nur wenn das Postulat der praktischen Vernunft, welches in den kategorischen Imperativen als gegen die Naturdetermination gerichtete, intelligible Instanz »appercipirt« werde, so verstanden werden dürfe, so sei dies Postulat der Freiheit allein der einzig-mögliche Freiheitsbegriff. Sehr richtig verwies Kant das »*arbitrium liberum*« der Menschen unter die empirisch völlig controlirbaren anthropologischen Erscheinungen[24]). Dasselbe ist, im Gegensatze zum »*arbitrium brutum*« des Thieres, dem man gewöhnlich nur (spontane) Reaction gegen die materiell-gereizten Triebe zutraut, die nicht nur sensuelle, sondern auch intellectuelle Reizbarkeit des Menschen zum Handeln durch blosse Vorstellungen und Schlüsse. Während also dem Thiere »*arbitrium sensitivum*, aber *brutum*« zukomme, besitze der Mensch »*arbitrium sensitivum*, aber *liberum*«. Die Freiheit dagegen, als nicht empirischen, sondern metaphysischen Begriff, definirte Kant, und zwar mikrokosmisch und makrokosmisch zugleich, als Eigenschaft des »Dinges an sich«. Dasselbe äussert, als beharrliche, empirisch-unbedingte Bedingung die Eigenschaft der Freiheit durch das in den Causalnexus aller Erscheinungen hinein und sogar wider ihn sprechende »Soll«. Wohl zu merken, Kant's Freiheitsbegriff ist also durchaus nur ethisch formulirt. In makrokosmischer Beziehung ist er das »Ding an sich für das absolute Sittengesetz«, in psychologischer Beziehung das »Ding an sich für den sittlichen Charakter des Menschen«. Wenn in dieser letzten Beziehung die Freiheit häufig als »intelligibler Charakter des Menschen« bezeichnet wird; so denkt Kant dabei nicht an eine Praeexistenz der Seele vor dem Leibe, sondern nur an dasjenige, was — ohne in die Erscheinung zu treten — die beharrliche (unerkennbare) Bedingung der zeitlich auseinander tretenden (erkennbaren) Erscheinung des empirischen Charakters sein dürfte.

An die von Kant für die Wissenschaft leer gemachte Stelle oder an die Stelle des »Dinges an sich« setzte Fichte[25]) das

---

[24]) Kant versteht unter dem »*arbitrium liberum*« dasselbe, was bei Aristoteles (*De Anima. III. 9, 3.*) ἡ ἐν τῷ λογιστικῷ βούλησις und (*Ethic. Nicom. III. 7*) αἱ περὶ τὸ τέλος πράξεις αἱ κατὰ προαίρεσιν καὶ ἑκούσιοι in so verständlicher Weise ausdrückt.

[25]) Vgl. J. G. Fichte. Grundlage der gesammten Wissenschaftslehre. Jena u. Leipzig. 1794. — Grundlage des Naturrechts. 1796.

»Ich«. Weder am absoluten noch am individuellen »Ich« unterwarf derselbe den Freiheitsbegriff einer Untersuchung, sondern »setzte« ihn hier und »setzte« ihn da, immer mit der »sittlichen Weltordnung« zugleich, aus energischem Drange seiner sittlich-reinen Gesinnung mehr als mit wissenschaftlicher Sorgfalt. Hegel[26]) brauchte den Freiheitsbegriff in seiner doppelten Beziehung, jedoch im Ganzen wohl ohne praegnante Ausprägung. Er lässt die mikrokosmische »Freiheit werden« durch die Hingebung des individuellen Naturwillens an die objectiven Mächte, in denen die »Sittlichkeit« als entfaltete »Idee« sich darstellt. Die makrokosmische Freiheit identificirt er als »absolute Freiheit« mit der »absoluten Nothwendigkeit« und praedicirt beide, in spinozistischer Weise, von der »absoluten Idee«.

Hingegen hatte Schelling den Begriff der menschlichen Freiheit einer breit angelegten Betrachtung auf naturtheosophischer Grundlage[27]) unterworfen. Während er die Freiheit Gottes »als Selbstdifferenzirung Gottes aus der blinden Indifferenz heraus und als Selbstpotenzirung zur Identität« begreift, leitet er die menschliche Freiheit ab aus der anerschaffenen Theilnahme der menschlichen Seele an der göttlichen Natur. Was aber Kant postulirt hatte als intelligiblen Charakter, das beschreibt Schelling als praeexistente Menschenseele, die selber sich vorzeitlich ihren Charakter gibt, mit dem sie bei ihrer zeitlichen Existenz in den einzelnen Actionen an die (Natur-) Nothwendigkeit gebunden ist.

Schopenhauer[28]) endlich, anziehend durch nüchternen Scharfsinn und realistische Tiefe der Anschauungen, worüber man die lieblose und ungerechte Schmähsucht des Mannes zuletzt vergisst, ergriff kraftgenialisch das Kant'sche »Ding an sich«. Indem er diesem durchweg »den Willen« substituirte, sowohl als allgemeinen Drang des Werdens in den Elementen und immanenten Kräften der Natur wie in dem bis zur Verstandesthätigkeit ent-

---

[26]) Vgl. G. W. F. Hegel. Wissenschaft der Phaenomenologie des Geistes. 1806. — Wissenschaft der Logik. Nürnberg. $18^{12}/_{16}$. — Grundlinien der Philos. des Rechts. Berlin. 1821. [Wke. Berlin. 1832 ff. Bde. II. III-V. VIII.]

[27]) Vgl. F. W. J. (v.) Schelling. Philosophische Untersuchungen über das Wesen der menschlichen Freiheit und die damit zusammenhängenden Gegenstände. Landshut. 1809. — Dazu vgl. H. E. G. Paulus. Die endlich offenbar gewordene positive [Schelling'sche] Philosophie der Offenbarung. Darmstadt. 1843.

[28]) Vgl. A. Schopenhauer. Die beiden Grundprobleme der Ethik. Frankfurt a. M. 1841 ($18^{60}/_{64}$): I. Ueber die Freiheit des menschlichen Willens. — Die Welt als Wille und Vorstellung. Leipzig. 1819. 1844.

wickelten Individuum; so gab er dem Freiheitsbegriffe eine allerdings noch nie dagewesene Gestalt. Er löste nicht nur den Begriff „Persönlichkeit", sondern auch den Begriff „Intelligenz" von dem Subject, zu dem die Freiheit als Praedicat gehöre, gänzlich ab. »Intellect, Vorstellen, Denken« entspringen erst aus der Individuation und sind, sammt dem Causalitätsbegriffe, nur Ausdruck des individuell gewordenen Willens in einem individuellen Subject. Alles Vorstellen und Denken ist beherrscht durch »den Satz vom zureichenden Grunde«: unter derselben Herrschaft steht die Totalität der durch die Individuation allein in die Erscheinung fallenden Welt, also auch »das Handeln«. Die einzelnen Actionen sind nur nothwendige Producte aus dem Zusammenwirken des Charakters und der jedesmaligen Ursache, die als intellectuelle Ursache »Motiv« genannt wird. Der individuelle Charakter selbst entstammt nicht einer freien, etwa praeexistentiellen Selbstentscheidung einer Seele, sondern ist eben schlechthin Existenzform des »allgemeinen Willens«, gleichsam spinozistisch eine Modification der Substanz. Daher legt Schopenhauer die Freiheit des Menschen nicht in das Handeln, sondern in »das Sein«; eigentlich aber nennt er sie nur Praedicat »des Willens an sich«, der das Bedingungslose schlechthin ist und alle Erscheinung, also die gesammte Welt, nur zu seiner Objectität hat. Er nennt die Freiheit in Bezug auf den Menschen ein »Mysterium«; denn sie existirt in der Zeit und Wirklichkeit nicht und wird bloss in der Beziehung auf den »bedingungslosen Willen an sich« geahndet. Schopenhauer's Freiheitsbegriff hat also in Wahrheit nur eine makrokosmische Beziehung, und zwar, wie der spinozistische, auf ein unpersönliches Subject, dem teleologische Zwecksetzungen nicht zukommen. Negativ in diesem Freiheitsbegriffe ist die völlige »Bedingungslosigkeit des Willens«, positiv die »Selbstobjectivirung« zu unendlich-vielfach individueller Existenz in der Form des Causalnexus.

6.
Die Permanenz des Problemes.

Das Resultat der historischen Excursion stellt sich, wenn wir nicht ganz irren, als folgendes heraus.

Von den notorisch anerkannten Hauptvertretern der Philosophie ist die Freiheit des Menschen, überhaupt „die Freiheit in mikrokosmischer Beziehung", als Selbstbestimmung ausserhalb des lückenlosen Causalnexus der kosmischen Phaenomene, mehr bestritten als behauptet worden. Die exacte Wissenschaft nun bietet bis jetzt allerdings positive Daten, aus denen die menschliche Natur vollständig begriffen werden könnte, noch nicht in genügender Weise. Aber schon die negativen Instanzen, die sie gegen die menschliche Freiheit geltend macht, verbieten die fernere Statthaftigkeit dieses Begriffes völlig. Das Gebundensein jeder intellectuellen und jeder mit Intelligenz verbundenen voluntären Lebensäusserung an organische Functionen, die völlig determinirte Abhängigkeit des Organismus mit seinen Anlagen von den Zeugungsfactoren, das gänzliche Bedingtsein der individuellen Entwickelung durch die Umgebung des Klima's und der Cultur: — das sind durchschlagende Negationen der menschlichen Freiheit gegenüber dem Kosmos und seinem Gesetze. Freilich sind kaum die physiologischen Bedingungen der Sinnesorgane in ihrer tausendfach verzweigten Gesetzmässigkeit erforscht, geschweige dass die chemisch-physiologische Analyse der Nerven- und Hirn-Elemente sowie ihrer Functionen bis jetzt befriedigen könnte. Aber auf die sicherste Spur ist man der totalen Gesetzmässigkeit des gesammten organisch-psychischen Lebens gekommen.[29]) Dabei kann sogar von Kant's schon äusserst limitirtem Postulate des »intelligiblen Charakters«, als der schlechthin unergründlichen Ursache hinter dem phaenomenalen Charakter, nicht die Rede sein. Vielmehr lautet auf dem Grunde der exacten Daten die Forderung, welcher die Anthropologie als Wissenschaft fortan nachkommen muss, dahin: „dass jede Aeusserung des „individuellen" Lebens — sei sie somatisch oder pneumatisch, physisch oder ethisch — zuletzt auf ihren, im kosmischen Systeme der Elemente und ihrer Gesetze liegenden Realgrund zurück verfolgt werde". Man wird uns schwerlich der Flachheit zeihen, wenn wir gleichsam als Differentialrechnung von unendlicher Progression die Aufgabe formuliren: den Mikrokosmus zu begreifen als bestimmbare Resultante makrokosmischer Functionen.[30])

Zu zeigen, wie weit die Ethik von den die individuelle Freiheit abweisenden Daten der Anthropologie beeinflusst werde, ist

---

[29]) Vgl. die bei Cap. 4 angemerkte Litteratur.
[30]) Vgl. A. Wagner. Die Gesetzmässigkeit in den scheinbar willkürlichen menschlichen Handlungen vom Standpunkte der Statistik. Hamburg. 1864. — M. W. Drobisch. Die moralische Statistik und die menschliche Willensfreiheit. Eine Untersuchung. Leipzig. 1867.

der Ort im dritten Theile unsrer Untersuchung. Hier erscheint nur die Bemerkung angemessen, dass die eben skizzirte Aufgabe der Anthropologie im Fortschritte ihrer Lösung niemals zum Hebel fatalistischer Apathie werden, niemals zum Hedonismus oder zum sittlichen Atomismus hinführen und niemals den praktisch-erfolglosen, sittlichen Rigorismus befördern kann. Die Anthropologie lehrt allerdings auf die platte Einbildung der Selbstherrlichkeit des menschlichen Intellects oder Willens gänzlich verzichten: dafür aber gewährt sie das ergreifende Bewusstsein, dass wir der Welt wiedergeben müssen, was wir von ihr empfangen haben. Uebrigens befinden wir uns mit den von Schopenhauer gegebenen Anschauungen des menschlichen Handelns[31]) vielfach in Uebereinstimmung: besonders billigen wir seine Praedicate des menschlichen Charakters, den er als „»individuell, empirisch, constant und angeboren«" bezeichnet. Die Ableitung des Charakters bei Schopenhauer mittels seiner metaphysischen Theorie »des Willens«[32]) vermögen wir uns nicht anzueignen, da wir seinen »Willen an sich« nicht als das Subsitut des Kantschen »Dinges an sich« gelten lassen, auch sein äusserliches Individuationsprincip, worunter er »Zeit und Raum« versteht, nicht für haltbar erachten können.

In der „makrokosmischen Beziehung" finden wir den Freiheitsbegriff bei allen namhaften Denkern vertreten, welche ihre Aufmerksamkeit nicht bloss auf einzelne Phaemomene, die man naturhistorische Concretionen nennen könnte, sondern zugleich auf den inneren, überall im Einzelnen gleichsam nur verkörperten Zusammenhang der unzähligen Vielheit der empirisch hervortretenden Phaenomene gerichtet haben. Darin sehen wir ein unverlierbares Bedürfniss des menschlichen Geistes und Denkens sich aussprechen. Die immerwiederkehrende Bewegung der Gedanken, in welcher der makrokosmische Freiheitsbegriff seiner wissenschaftlichen Gestaltung entgegengeführt wird, nennen wir „das permanente Problem" der Philosophie. Bis zur definitiven Lösung des Problems bleibt der Freiheitsbegriff selber ein hypothetisches Postulat, jedoch in dem oben (Cap. 4, VII., VIII., IX.) von uns angegebenen Sinne, nicht, wie man nach Kant meinen könnte, bloss ein Postulat »der praktischen Vernunft«. Kant nämlich gestand dem Freiheitsbegriffe ein theoretisches Interesse nur zu, weil und sofern derselbe

---

[31]) Vgl. A. Schopenhauer. Die beiden Grundprobleme &c. I. 1. 2. 3.
[32]) Vgl. ebendort: I. 5. und II. 4.

für die Deutung eines ethischen Phaenomenes werthvoll wäre. Dagegen beanspruchen wir für die Wissenschaft das Recht der fortgesetzten und allmählichen Erforschung des »Dinges an sich«. Also müssen wir, wie auch Kant selber die Freiheit nur dem »Dinge an sich« vindicirt hat, den Freiheitsbegriff als „ontologisch-kosmologisches Postulat" ansehen.

Unsere Kritik der bisher im makrokosmischen Freiheitsbegriffe hervorgetretenen, mit Widerspruch behafteten Momente wird in der hier unmittelbar sich anschliessenden Vorbereitung auf die Definition enthalten sein.

Wie das gesammte individuelle Erkennen deshalb, weil das Individuum in unzählig vielen Determinationen vom Kosmos abhängt, nur in der fortgesetzten Abstraction von unmittelbar gegebenen, phaenomenalen Concretionen besteht: so ist die exacte Wissenschaft im Grunde nur das inductive Auffinden derjenigen allgemeinsten Bedingungen der kosmischen Phaenomene, von denen der Intellect nicht mehr abstrahiren kann. Die abstractesten Begriffe, welche die exacten Wissenschaften gestatten, sind:

1. der Raum,
2. die Zeit,
3. die Materie,
4. die Bewegung.

Auf den ersten Anblick scheinen diese Begriffe rein negative zu sein: „der Raum" die Negation der Grenzen, „die Zeit" die Negation des Werdens, „die Materie" die Negation der Individuität, „die Bewegung" die Negation der Beharrlichkeit. Diese Negativität haftet aber den Begriffen nur an, weil der Intellect sie bloss durch Abstraction, d. h. durch fortgesetzte Negation findet. Es liegt aber die vollendete Allmacht ihrer Positivität darin, dass sie selbst nicht negirt werden können, ohne dass in Wahrheit das negirende Subject sich selbst negirte. Es ist damit offenbar ausgesprochen, dass die vier Begriffe völlig objectiv sind und subjectiv nur insoweit genannt werden könnten, als sie durch einen Intellect als Subject erfasst werden. Der Intellect kann von seiner Subjectivität soweit abstrahiren, dass er selbst nur gleichsam als Kreuzungspunkt jener (höchsten) Begriffe erscheint, folglich bloss dadurch fixirt ist, weil die vier Begriffe in ihm coïncidiren. Daher kann der Intellect von der Individualität und Endlichkeit seiner selbst nicht los kommen, und deshalb kann er auch einen unendlichen Intellect nicht in einen Begriff fassen.

Beiläufig muss bemerkt werden, dass es auf die chemische Bestimmung des Begriffes „Materie" hier gar nicht ankommen kann. Mag es der Wissenschaft gelingen, eine bestimmte Zahl Elementarstoffe durch fortgesetzte Analyse nachzuweisen, oder mag sie im Stande sein, die sogenannten Elementarstoffe als Aggregatzustände eines oder weniger Urelemente darzustellen, oder mag sie Atome in unendlicher Vielheit entdecken können: immer bleibt das Abstractum „Materie" ein Correlat unter den anderen: „Raum", „Zeit" und „Bewegung". Es scheint uns ein vergebliches Bemühen, die Zahl dieser vier Correlativ-Begriffe höchster Art dadurch beschränken zu wollen, dass man einen aus dem anderen oder alle aus einem abzuleiten versucht. Die Bewegung ist überall an der Materie und mit ihr im Raum und in der Zeit. Die Zeit und der Raum aber sind aus der Bewegung nicht ableitbar noch aus der Materie, obwohl bestimmte Zeit nur durch Bewegung und Materie wahrnehmbar ist, wie bestimmter Raum ebenfalls. Es lässt sich erfahrungsmässig, wenigstens näherungsweise, materienleerer bestimmter Raum und bewegungsleere bestimmte Zeit darstellen, niemals aber ausserräumliche Materie oder ausserzeitliche Bewegung. Sollte übrigens die Ableitung von Raum und Zeit aus der Bewegung zuletzt evident gemacht werden können[33]), so bleiben selbst dann noch Bewegung und Materie, so total ihre Concretion in Wirklichkeit auch ist, für die Abstraction unüberwindlich.

Hat man im Denken das vollbracht, was im Sein nimmermehr möglich ist, nämlich die Abstraction von aller kosmischen Bestimmtheit, wobei Raum, Zeit, Bewegung und Materie allein übrig bleiben: so ist der Causalnexus schlechthin verschwunden. Man kann, sobald man jedes bestimmte Gebiet kosmischer Concretion abgewiesen hat, nicht bloss nach keinem „Zwecke", sondern vielmehr nach keiner „Ursache" mehr fragen. Denn wie der Erkenntnissgrund (Cap. 4, IV.) in einer bestimmten Sollicitation des Bewusstseins liegt, so liegt der Realgrund oder die Ursache (Cap. 4, V.) in der Sollicitation einer kosmischen Concretion durch eine andere. Folglich giebt es für die abstractesten Bedingungen aller kosmischen Verhältnisse, für Raum, Zeit, Bewegung und Materie

---

[33]) Vgl. A. Trendelenburg. Logische Untersuchungen. 2. Aufl. Leipzig, 1862. — Abschn. V. VI. VII. VIII. im 1. Bde. — Auch kann hier angezogen werden: K. W. Portius. Die Entdeckung der Grundelemente des Weltalls. Ein naturwissensch. Vortrag. Leipzig (G. Brauns). 1866.

keine Ursachen. Nie und nimmer kann eine Ursache des Raumes verlangt werden — ebensowenig eine Ursache der Materie, der Zeit oder der Bewegung. Das, glauben wir, hat man auch bezeichnen wollt, wenn man Ausdrücke wie »erste Ursache«, »Selbstursache« (*causa sui*) bildete und auf die „Ursachlosigkeit" der abstractesten Bedingungen alles Seins und Denkens anwendete. Oder aber man hatte den Begriff »erste Ursache« deshalb nöthig, weil man die Abstractionen nicht zu Ende führte und beim Stoff als der bestimmten Materie, bei der organischen Bewegung als der bestimmten Bewegung stehen blieb. Für die naïve Weltanschauung, deren Hauptmotiv noch jenes Aristotelische „Staunen" ist, findet man das natürlich. Die Obmacht der Erkenntnissgründe vor den Realgründen gewährt dem Intellect die Beruhigung eines Anfanges und eines Endes. In der Schule der mathematischen Wissenschaften aber, welche kraft ihrer totalen Abstraction von aller Raum- und Zeit-Erfüllung und kraft ihrer Beschränkung allein auf die Dimensionen von Raum und Zeit zuerst „»ewige Wahrheiten«" kannten —: in dieser strengen Schule lernte man die Erhebung zum Unendlichen so gut wie das Begreifen reiner Identität und entgegengesetzter Grössen oder die Unterscheidung des subjectiven Erkenntnissgrundes vom objectiven Realgrunde.

In den abstracten Begriffen des Raumes und der Zeit, der Materie und der Bewegung kann dem Intellect die Genesis dieser Begriffe nicht unbewusst werden: nämlich die Genesis durch fortgesetzte Negation einzelner Bestimmtheiten. In dem stets gegenwärtigen Bewusstsein dieser Genesis der Begriffe im Intellect ist, wie schon angedeutet wurde, die allgemeinste Positivität derselben ausserhalb des Intellects anerkannt. Mit anderen Worten bedeutet das: „Raum" und „Materie", „Zeit" und „Bewegung" sind ausserhalb des Intellects die unendlichen, unbedingten, unentstandenen, unbestimmten Realitäten, welche die Bedingungen alles und jedes bestimmten Realen in wahrhaft undenkbar-unendlicher Mannigfaltigkeit und Vielheit enthalten. Der Raum schlechthin enthält die Bedingung aller unausdenkbar-möglichen Begrenzungen. Die Zeit an sich enthält die Bedingung aller unabsehbar-möglichen Veränderungs-Successionen. Die Bewegung an sich enthält die Bedingung aller unangebbar-möglichen Beharrungs- und Translocations-Verhältnisse. Die Materie schlechthin ist die Bedingung aller unersinnbar-möglichen Arten der Raum- und Zeiterfüllung.

Das Problem des Freiheitsbegriffes entspringt nun, wie wir überzeugt sind, gewisslich mit Nothwendigkeit aus dem Streben des Intellects nach dem Begreifen der kosmischen, concreten Realien aus den abstract-ontologischen Ur-Realitäten. Während der Kosmos in der unendlichen Fülle seiner bestimmten Verhältnisse und seiner bestimmten Concretionen die unter total-immanentem Causalnexus ewig werdende Phaenomenologie darbietet: hat der Intellect das „Sein", die im Kosmos nie und nirgends erschöpften, unbedingten Bedingungen aller Existenz, erfasst als Raum, Zeit, Materie und Bewegung, in deren jeder die baare Unendlichkeit, aber völlig „ohne Bestimmungsprincip" enthalten ist. Was darf, was muss der Intellect zum „Bestimmungsprincip" aufnehmen, um die abstracte „Ontologie von Raum, Zeit, Bewegung und Materie" sich darstellen zu sehen als überall concrete, gleichwohl in ihrer Totalität unendliche „Kosmologie"? Jenes Princip sucht der Intellect, und dieses Suchen ist die Arbeit am Probleme der Freiheit. „Permanent" ist das Problem, weil das kosmologische Princip, um das es sich handelt, nicht aus der Subjectivität des Intellects, sondern nur aus der unendlichen Objectivität »des Seins im Werden« entnommen werden darf. Der Intellect ist, so gut wie der Wille, an die Individuität gebunden, folglich, trotz aller subjectiven Spontaneität und Fassungskraft, nur Product aus Concretionsverhältnissen, also aus kosmischen Phaenomenalien. Die „Individuität als Grundlage des Intellects und des Willens" kann selbst erst aus dem kosmologischen Princip, das gesucht wird, verstanden werden. Man sieht, dass es im Probleme der Freiheit, wenn darin das kosmologische Princip überhaupt enthalten ist, sich damit um „das Individuationsprincip" zugleich handelt. Die Subjectität des Intellects und des Willens ist Folge der Individuation, nicht ihr Realgrund. Das „Ich" oder der Begriff der „Persönlichkeit" kann daher zum kosmologischen Princip nicht genommen werden, kann aber auch, wenn dieses Princip der Freiheitsbegriff selbst ist, diesen nicht zum Praedicat haben. Vielmehr hat der Begriff Persönlichkeit, als welcher die Individuation durchaus voraussetzt, mit der Individuation das höhere Erklärungs-Princip gemein.

7.
Die Fassung des Problemes nach dem gegenwärtigen Stande der Wissenschaft.

Wie wir an einer früheren Stelle schon zur Darstellung gewisser Fundamental-Anschauungen uns der thesenartigen Form des Ausdruckes bedienten, so mögen wir autorisirt werden, die Ergebnisse aller im bisher Gesagten *explicite* und *implicite* enthaltenen Gedankenprocesse kurz zu praecisiren.

I. „Denknothwendig ist der Freiheitsbegriff", weil ohne ihn die Einsicht in die totale Causalverknüpfung aller kosmischen Phaenomene einerseits und andererseits in die Anfangs- und Endlosigkeit der Causalität selbst nicht wissenschaftlich ausgedrückt werden kann.

II. „Substrat[34]) der Freiheit" ist das schlechthin gegebene, ursachlose Sein d. h. die permanente, unendlich-erfüllte „ontologische Einheit" von Raum, Materie, Zeit und Bewegung.

III. „Die Freiheit ist zu begreifen 1. negativ: α. als unend-„liche Bedingungslosigkeit[35]) der ontologischen Einheit sowie β. als „unausdenkbar-mögliche Theilungs-, Unterscheidungs-, Combina-„tions- und Variationsfähigkeit aller Momente derselben Einheit; „2. positiv: α. als permanente Evolution der unerschöpflich-vielen „Momente der ontologischen Einheit, sowie β. als continuirliche „Durchdringung der Evolutionen mit derselben Einheit."

IV. „Aus der Freiheit der ontologischen Einheit — oder kurz: „aus der makrokosmischen Freiheit stammt die Individuation[36])

---

[34]) Wiefern der „Makrokosmus" in seiner Totalität mit der ontologischen Einheit von Raum, Zeit, Materie und Bewegung identisch gesetzt und ebenfalls Substrat der Freiheit genannt werden könne, wird im „zweiten Theile" der Abhandlung genau erörtert werden.

[35]) Aus der Erörterung über Raum, Zeit, Materie und Bewegung, die an sich die baare „Unendlichkeit des Möglichen" sind, wie in der Mathematik, Physik, Chemie, Astronomie leicht gezeigt werden kann, steht die Bedingungslosigkeit der ontologischen Einheit fest, d. h. dieselbe hat an sich keine Ursache und keinen Zweck. Die Ursache ist erst in und mit der Individuation verständlich: der Zweck (vgl. den „dritten Theil" der Abhandl.) ist erst eine Determinationsform an der zur Subjectität entwickelten Individuität.

[36]) Als Individuationsproducte sind alle Einzeldinge zu verstehen, wenn man sie auch gewöhnlich nicht schon Individuen nennt. Individuität ist „Einheit bestimmter Materie im bestimmten Raume und bestimmter Bewegung in bestimmter Zeit." Die Grade der Individuität sind abhängig von der grösseren oder geringeren Mannigfaltigkeit der Bestimmungen, welche, aus der vierfachen Wurzel des Seins hervorgegangen, zur Einheit concresciren oder — von der

„und der totale Causalnexus aller Phaenomene". Die Individuation und der Causalnexus haben weder Anfang noch Ende, wie die ontologische Einheit selbst in ihrer Freiheit ewig, unabsehbar, unberechenbar ist. Das Individuum hat stets Anfang und Ende, wie es auch aus seiner völligen Determination durch den Causalnexus genetisch begriffen werden kann, sobald es zugänglich genug ist.

V. „Der Regress von der Individuität auf die Freiheit[37]) ist „immer statthaft", wenn er nicht abgelöst wird von der unendlich vermittelten, also determinirten Verknüpfung der Individuität mit der unendlichen Totalität der Individuation überhaupt.

VI. Der Freiheitsbegriff als denknothwendiges, „ontologisch-kosmologisches Princip", mit dem Werthe der höchsten wissenschaftlichen Hypothese, kann sachlich-andere Gestaltungen nur erhalten, wenn man die von uns so genannte ontologische Einheit von Raum, Materie, Zeit und Bewegung, wissenschaftlich anzufechten vermag. Die Zulässigkeit der Hypothese kann, wenn unsere Ueberzeugung von dem innersten Wesen der Wissenschaft nicht falsch ist, nur von ausserwissenschaftlichen Standorten her geleugnet werden.

Einheit durchdrungen sind. So liegt offenbar zwischen der Individuität eines sogenannten Elementarstoffes und der Individuität eines belebten Organismus eine weite Scala von Potenzen der Combination höchst verschiedener Elemente, die aber irgendwie auf die vierfache ontologische Wurzel zurückführbar sind. Die sogenannten Eigenschaften der Dinge sind gleichsam die Potenz-Exponenten der Individuität. Die Krystallisation, die Elektricität, das Licht, die Vegetation, der Instinct und der Trieb, der Wille und die Intelligenz — welche Reihe von Exponenten der Individuitäts-Potenz!

[37]) Die „intelligible Freiheit" Kant's bezeichnet ungefähr diesen unendlich bedingten Regress. Durch diesen Regress wird natürlich dem Individuum nicht die Freiheit vindicirt, sondern nur die totale Determination des Individuums, und zwar gewöhnlich mit Ueberspringung der ganzen unendlichen Kette von Mittelgliedern, aus der Freiheit abgeleitet. Dabei bleibt immer der Satz, den Leibnitz (*Disputatio metaphysica de principio individui. Lipsiae. 1663.*) vertheidigte, stehen: »*Omne individuum sua tota entitate individuatur.*« Uebrigens wird der oben behauptete Regress seine besondere Erörterung im „dritten Theile" der Abhandlung erhalten, wo von der Bedeutung des Freiheitsbegriffes für die Ethik gehandelt wird.

Zweiter Theil.
Anwendung des Freiheitsbegriffes in der Kosmologie.

8.
Unzulänglichkeit und Vertheidigung des anthropologischen Standortes für die Kosmologie.

Wie der praktische Pessimismus zuletzt immer aus Isolirung entspringt, in welcher die Beziehungspunkte des Gesellschaftslebens und des individuellen Daseins nicht begriffen werden: so ist der theoretische Pessimismus eine Vereinzelung des subjectiven Intellects, bei welcher die eigensinnige Meinung aus einem objectiven Systeme von Realgründen sich nicht berichtigen und befruchten lässt. Wäre nun in der Gegenwart noch thatsächlich derjenige Idealismus und Supranaturalismus vorhanden, von dem die Wissenschaft des Kosmos und die real-empiristische Forschung mit pessimistischer Geringschätzung als »Flucht des Geistes« bekämpft würden; so fände derselbe leicht seine Widerlegung an der ersten besten physikalischen oder chemischen Theorie, die als grosser, unanfechtbarer Gedanken-Organismus mit Evidenz und Zuverlässigkeit wenigstens eine Seite der realen Welt enthüllt. Wir würden es für überflüssig erachten, gleichsam für die naturrechtliche Existenz der „Induction", des „Experimentes", der „Statistik" inmitten dieses Zeitalters der Naturwissenschaft Argumente zu suchen. Wenn jedoch von der entgegengesetzten Seite her, von dem empiristischen Standorte selbst aus, ganz und gar die Möglichkeit aller Versuche zur wissenschaftlichen Erkenntniss der kosmischen Totalität, also die Möglichkeit „der Kosmologie" überhaupt geleugnet wird; so muss dagegen eine peinliche Prüfung der Beweismittel begründet erscheinen.

Man macht gegen die ontologisch-kosmologischen Versuche, indem man sie als Speculationen ohne zwingende Evidenz von der

Hand weist, hauptsächlich die Unzulänglichkeit selbst der exactesten empirischen Beobachtungen geltend. Man fordert die völlige Hingabe aller Beobachtung und Forschung an das Détail der zugänglichen kosmischen Objecte. Man nennt es voreilig, aus den, wohl bis zur Verzweifelung geringen Anhaltspunkten der naturwissenschaftlichen Empirie makrokosmische General - Hypothesen herzuleiten. Man verachtet alle nicht-empiristische Gedankenarbeit der Jahrhunderte als den Kreislauf des Irrthums. Man zeiht Diejenigen der Inconsequenz, welche im Bereiche aller wissenschaftlichen Fragen nach den Phaenomenen des Daseins die erkenntnisstheoretischen Fundamente und die objectiven Realgründe, also „den anthropologischen Standort" allein voraussetzen, aber doch das wahrhaft Allgemeine, das „Sein im Werden", die „Kosmologie" verstehen zu lernen sich bemühen. Man erkennt höchstens an, dass jede gesicherte Erkenntniss Product aus der determinativen Objectivität der Dinge „und" aus der receptiven Subjectivität des Intellects ist. Man bestreitet aber dabei das Recht des Intellects, die „Unbedingtheit der Objectivität so gut zu erfassen wie ihre Bedingtheit." — Kurz: man spricht jedem anderen als dem anthropologischen Standorte die Berechtigung gänzlich und dem anthropologischen die Berechtigung zur Kosmologie ab.

Unsererseits ist dem gegenüber der anthropologische Standort längst (Cap. 4.) eingenommen worden, und wir gestehen die Unzulänglichkeit desselben bereitwilligst und nothgedrungen ein, sobald die Totalität des Makrokosmus in ihrer stets von Moment zu Moment, individuativ und causativ, veränderten Phaenomenologie erkannt werden soll. Ja, wir möchten uns sogar der Trivialität von der Unzulänglichkeit der menschlichen Erkenntniss und Wissenschaft gänzlich entschlagen und sofort den darin verborgenen Grundgedanken innerlicher formuliren. Weil nämlich Erkenntniss, Begriffe, Wissenschaft überhaupt nur durch Intellect zu Stande kommen, Intellect aber nur auf der Basis der Individuität, also nur im Mikrokosmus vorhanden ist: so gibt es keine auf die unendliche Phaenomenologie gerichtete Erkenntniss und Wissenschaft im fertigen, abgeschlossenen Zustande. An jedem Punkte des Makrokosmus, wo die individuativen Bedingungen zu mikrokosmischer Entwickelung zusammentreffen, wird und entwickelt sich die Wissenschaft. Indem sie die Phaenomenalien und Bedingungen der Individuation in ihrem jedesmaligen Processe erkennen will, ist sie selbst ein Process von niemals endender Fortschreitung.

Die Wissenschaft also, auf einen relativ-zugänglichen Kreis von Individuations-Phaenomenen gerichtet, hat keine Schranken, hat keinen Abschluss. Sie ist darum nimmermehr ein Kreislauf.

So haben wir den nothwendig processualistischen Charakter aller Wissensschaft, in welchem man oft „nur" Unzulänglichkeit sieht, nicht bloss anerkannt, sondern selbst abgeleitet. Weiter geben wir nun unsere Gründe an, kraft deren wir den anthropologischen Standort, trotz der charakterisirten Unzulänglichkeit, als einen Standort für die Kosmologie erachten und von ihm aus das Kantsche »Ding an sich« in Anspruch nehmen.

Wenn es richtig ist, dass der Intellect, ganz allgemein, begriffen werden muss als eine receptive Functionstotalität desjenigen Organismus, der bis zur bewussten Subjectität individuirt ist; so ist das Band, welches den Intellect mit den ihn umgebenden kosmischen Phaenomenalien in Verwandtschaft erhält, unleugbar anerkannt. Dieses Band ist die „Wesensgleichheit der Organismus-Elemente bei den verschiedensten Combinations-Graden der Individuität." Da die Wesensgleichheit der kosmischen Elemente in allen der Wissenschaft zugänglichen Individuations-Producten bis jetzt durch keinen entgegenstehenden Realgrund' angefochten ist: so haben wir bei dem gegenwärtigen Stande der Wissenschaft das volle Recht, alle Unterschiede der Organisationen für nur combinatorisch und functionell anzusehen. Der Intellect ist also, selbst bei der höchsten Gradverschiedenheit, im Wesentlichen mit den kosmischen Functionen homogen und gleichnamig. Deshalb ist er auch, jene an ihm selbst zu messen, d. h. sie zu erkennen, berechtigt. Weil die Basis des Intellects, der individuirte Organismus, mit der Basis der kosmischen Functionen homogen ist; so hat der Intellect die volle Berechtigung, das objectiv erkannte Wesen der ihm zugänglichen kosmischen Phaenomene so lange für das Wesen des Makrokosmus überhaupt zu halten, bis die objective Wissenschaft irgend wo neue Momente bestätigt. Für den menschlichen Intellect ist offenbar das Gebiet der kosmischen Phaenomenalien ein sehr particiles. Jedoch weisen alle über den Erd-Mikrokosmus hinausliegenden, zum Theil ganz unnahbaren Phaenomenalien nur in eine Unendlichkeit der Phaenomenologie hinaus. Dagegen verweist uns nicht das geringste Moment dieser Phaenomenologie — bis jetzt bestimmt nicht — in eine andere Unendlichkeit der Ontologie [36]), als welche der anthropologische

---

[36]) Vgl. E. Saveney. *La physique moderne et les idées nouvelles sur l'unité*

Standort erfassen lässt. Sind wir deshalb, auf Grund der Induction, berechtigt die Identität der Ontologie im Makrokosmus und im Mikrokosmus zu behaupten: so müssen wir unfraglich den anthropologischen Standort zur Kosmologie für geeignet erklären. Kurz: die Wissenschaft muss nach ihrem jedesmaligen Stande das kosmologische Princip, wie wir es (Cap. 6 und 7.) bearbeitet haben, suchen, prüfen und anwenden.

Die gewöhnlichste Anfechtung, welche die philosophische Wissenschaft erfährt, geht von der leicht plausiblen Appellation an »die Wahrheit« aus. Der gemeine Menschenverstand bedarf nämlich in der Regel nur weniger Paragraphen, in denen das, was wahr ist, kurz und bündig behauptet steht. Die Wissenschaft nun, für den *scepticus vulgaris* meist ganz unübersehbar, weil er sie völlig einseitig abmustert, muss gleichwohl den — in persönlichen Verhältnissen ehrenrührigen — in Sachen der Erkenntniss äusserst heilsamen Appell an die Wahrheit sich gefallen lassen. Wahrheit oder Unwahrheit liegt ja niemals in den Objecten, sondern bloss im subjectiven Verhältniss des Intellects zu denselben. Wahrheit ist im Wissen die Auffassung sämmtlicher Determinationen des Objects in ihrem realen Verhältnisse. Daraus folgt von selbst die Unzulänglichkeit des Einzel-Intellects und der Einzel-Vorstellung für die Wissenschaft. „Die Wissenschaft wird und besteht nur in der gemeinsamen Arbeit, Ausbildung, Selbstcorrectur und progressistischen Entwickelung eines Gattungs-Intellects." Wahrheit im logischen Sinne, ohne das Nebenmoment der Möglichkeit einer anderen Ableitung der Objects-Determinationen, ist also streng genommen sogar unter den exacten Wissenschaften (Cap. 4, VIII.) im gegenwärtigen Zustande fast noch der Mathematik allein eigen. Der Grad des Antheiles an der sogenannten »absoluten Wahrheit« ist die Wahrscheinlichkeit des Wissens (Cap. 4, IX.). Von falscher, unwahrer Wissenschaft kann, im logischen wie im moralischen Sinne, nur gesprochen werden, wenn man den einzelnen Vertretern der Wissenschaft in gegründeter Weise den Vorwurf machen kann, dass sie, entweder in leichtfertiger Uebereilung oder in der Absicht zu täuschen, Momente der wissenschaftlichen Wahrscheinlichkeit für Wahrheit selbst ausgeben.

---

des phénomènes naturels. Paris. „Revue des deux mondes." (66º tome.) „Nov. et Déc. 1866."

9.
Der Freiheitsbegriff und einige logische Kategorieen [39].

Bevor wir die Grundzüge des deductiven Gebrauches, den man vom Freiheitsbegriffe machen darf, für die Kosmologie aufweisen, erwächst uns die Aufgabe, eine praecise Abgrenzung unseres Hauptbegriffes gegen gewisse logische Grundbegriffe, die man noch meistens Kategorieen nennt, vorzunehmen. Denn aus dem Mangel an Sorgfalt in der Terminologie entspringt zu leicht eine die Sache selbst verdunkelnde Unklarheit und Undeutlichkeit des Ausdruckes. Sind doch im Laufe der Geschichte den Begriffen die mannigfaltigsten Deutungen nothwendiger Weise zu Theil geworden.

Die Frage nach der Zahl und Ableitung der sogenannten Kategorieen als allgemeiner Grundformen der Erkenntniss fällt natürlich ausserhalb unserer Untersuchung. Wir unterwerfen nur die Begriffe „Möglichkeit", „Nothwendigkeit", „Zufall" und ihre nächsten Verwandten einer kurzen Vergleichung mit dem Freiheitsbegriffe.

(I.)

Die „Möglichkeit" wird von uns in concreter und in abstracter Beziehung verstanden. Concret — oder empirisch — möglich nennen wir ein Phaenomen, wenn wir allgemeine Ursachen desselben als vorhanden anerkennen, die besonderen Ursachen für den Eintritt desselben aber noch verneinen. Die concrete Möglichkeit geht in die Wirklichkeit über, wenn die zu dem Phänomen erforderlichen besonderen Ursachen zu den allgemeinen sich hinzugesellen. Die concrete Möglichkeit wird als Moment des „Zweckbegriffes" später angewandt werden [40].

Abstract — oder ontologisch — möglich nennen wir die bedingungslosen, schlechthin einer Ableitung unfähigen Grundbedingungen, die in Raum, Zeit, Materie und Bewegung, in vierfacher Beziehung auf die ontologische Einheit (Cap. 6 gegen Ende), latent sind [41]. Dass die ontologische Möglichkeit schlechthin uner-

---

[39] Vgl. die bei Cap. 4 angemerkte Litteratur.

[40] Der Begriff der „concreten Möglichkeit" hat seinen Ursprung nur im Verhalten eines Intellects zu den Dingen. Die Dinge selbst, ohne die Beziehung zum Intellect, sind als Phaenomenalien stets Realien und als solche nothwendig.

[41] Die ontologische Möglichkeit ist von mathematischer Seite am ehesten und am meisten zugänglich: und das kann nicht Wunder nehmen, wenn man das Wesen der mathematischen Wissenschaft erwägt.

schöpflich ist, liegt auf der Hand [42]). Ebenso selbstverständlich ist die „ontologische Unmöglichkeit", wenn sie der Wissenschaft evident geworden ist, ein unfehlbares Kriterium des Unsinnes.

Mit dem Freiheitsbegriffe verwandt ist offenbar nur der Begriff der „ontologischen Möglichkeit", und zwar ist dieser letzte nur (Cap. 7. III. 1. β.) ein Moment in jenem ersten.

(II.)

Die „Nothwendigkeit" verstehen wir als Praedicat eines Phaenomens, sofern dieses durch allgemeine und besondere Ursachen determinirt ist. Auf dem Grunde der Induction ist die Wissenschaft berechtigt, jedes Phaenomen nothwendig zu nennen, auch wenn dasselbe aus seinen Ursachen noch nicht erklärbar ist. Denn jedes bis jetzt genetisch erklärte Phaenomen ist auf Ursachen zurückführbar gewesen [43]). Statthaft erscheint auch die Definition, wenn wir das Nothwendige als Product der Individuation erklären, oder nothwendig das Reale nennen, sofern es im Causalnexus mit der Totalität der Welt steht.

Nothwendigkeit ist also immer die mehr oder weniger vermittelte Bedingtheit des Einzelnen durch das Ganze, des Besonderen durch das Allgemeine, des Mikrokosmus durch den Makrokosmus. Die Grade dieser Bedingtheit sind unaufzählbar. Meist bezeichnet man wohl die allgemeinsten Formen derselben als Naturgesetze, die besonderen als Naturkräfte, als Eigenschaften der Concreta, als Organisationen, als Anlagen oder als Charaktere, je nach dem Grade der Individuität. Bei dem sehr äusserlichen Unterscheidungsprincip, das von der fliessenden Grenze zwischen Sinnlichkeit und Geistigkeit herrührt, pflegt man die sinnlich-wahrnehmbaren Phaenomene des Kosmos unter dem Ausdruck Natur, die nicht sinnlich-wahrnehmbaren aber unter dem Ausdrucke Geist zusammenzufassen. Es ist bekannt, welches Chaos der Verwirrung der von den Wörtern auf die Sache übergegangene Dualismus angerichtet hat.

Verwandt ist der Begriff der Nothwendigkeit, wie wir ihn definirt haben, mit dem Freiheitsbegriffe als sein contradictorischer

---

[42]) Man sieht, wie der Ausdruck einer „unendlichen Wahl", welchen man als Moment des persönlich-makrokosmischen Freiheitsbegriffes gebraucht findet, bei gewissen Voraussetzungen ausserordentlich zutreffend wäre.

[43]) Meist nennt man Phaenomene, die noch nicht erklärt sind, wirklich, und bloss die genetisch abgeleiteten nothwendig. Für die Wissenschaft ist dieser Unterschied nicht statthaft.

Gegensatz. Das Verhältniss beider zu einander ist ein Moment unseres Problems (Cap. 6). Noch muss erwähnt werden, dass in der Ontologie von Nothwendigkeit schwerlich geredet werden kann, wie es Spinoza so vielfach gethan hat. Was man ontologischnothwendig nennen dürfte, das ist doch weiter nichts als das schlechthin Unbedingte. Die ontologische Nothwendigkeit würde coïncidiren mit der ontologischen Möglichkeit. Die „kosmische Nothwendigkeit" ist allein ein Begriff, der nicht zur Tautologie führt. Die kosmische Nothwendigkeit aber hat weder Anfang noch Ende und gestattet den Unbegriff der ersten Ursache nicht: sie ist wissenschaftlich nicht zu begreifen ohne den Freiheitsbegriff (Cap. 6. 7. [10.]).

(III.)

Der Ausdruck »Zufall« gilt uns nur als schalkhafter Spuk, der zuweilen auch in den ernsten Schachten der Wissenschaft sein blendendes, fatales Spiel treibt. Als Zufall bezeichnet der Intellect, wenn er vertrauensvoll in seine Subjectivität[11]) versenkt ist, diejenigen Phaenomenalien, welche absichtlich in der Vereinzelung vorgestellt werden, ausserhalb ihrer objectiven Verknüpfung mit anderen durch grössere oder geringere Determination. Die Zufälligkeit ist also eine Kategorie des Irrthums und für die Wissenschaft nur in sofern nicht incommensurabel, als dieselbe auch das Phaenomen des Irrthums erklären muss. Wollte man Zufall die Beziehung verschiedener Phaenomene auf einander bloss durch den Intellect nennen, bei fehlendem Causalnexus zwischen ihnen selbst; so ist auch dann der Begriff nichtssagend. Denn die Existenz einer solchen Beziehung im Intellect hat jederzeit ihren Grund; der Causalnexus aber zwischen scheinbar disparaten Phaenomenen liegt, wenn auch noch so verborgen, in der Totalität der Phaenomene. Der echte conträre Gegensatz zur Nothwendigkeit ist nicht die Zufälligkeit, sondern die concrete oder empirische Unmöglichkeit. (Im selben Cap., II.).

Zufällig ist für das subjective Urtheil vieles, für die Wissenschaft nichts. Der Zufall ist ein despotischer *parvenu*, dem man nicht nur oft genug ohne Urtheil und ohne Energie die bürgerliche und die persönliche Unabhängigkeit geopfert hat, sondern der auch zuweilen die makrokosmische Freiheit parodirt. Der Zufall ist der

---

[11]) Das Zufällige ist, wie Hippokrates gesagt haben soll: ἡμῖν μὲν αὐτόματον, αἰτίᾳ δ'οὐκ αὐτόματον. (Vgl. Trendelenburg, Log. Unters. 2. Aufl. Bd. II. S. 194.)

Götze der Egoïsten, der Vater des Leichtsinnes wie des Aberglaubens, der Antipode des Verhängnisses und — die Negation der Wissenschaft.

Am Schlusse dieses Capitels kann am schicklichsten die Frage nach dem echten conträren Gegensatze des Freiheitsbegriffes erörtert werden. Die „ontologische Möglichkeit" ist der Freiheit nicht entgegengesetzt, sondern nur ein Moment derselben. Die „Nothwendigkeit" ist ein contradictorischer Gegensatz der Freiheit und durch die Freiheit aus der ontologischen Möglichkeit erst ableitbar. Wir bemerkten schon vorhin, dass der conträre Gegensatz der Nothwendigkeit die empirische Unmöglichkeit sei. Als conträrer Gegensatz der empirischen Möglichkeit wird später die „Unvernünftigkeit" aufgestellt werden. Der echte conträre Gegensatz des „makrokosmischen Freiheitsbegriffes" nun (Cap. 7, III.) kann, nach unsrer Definition, bloss der Begriff der „ontologischen Unmöglichkeit" sein. Darin liegt zugleich eine gewisse Uebereinstimmung des wissenschaftlichen und des populären Sprachgebrauches. Die populären Anwendungen des Wortes Freiheit (Cap. 3), besonders in politischer Beziehung, haben nämlich als conträren Gegensatz der Freiheit nicht die Nothwendigkeit, sondern den „Zwang" zur Voraussetzung. Die „ontologische Unmöglichkeit" ist aber gleichsam der einzige Zwang, der immer und durchaus zur Negation führt. „Ontologische Unmöglichkeit" ist von dem „Freiheitsbegriffe" ausgeschlossen.

10.
Der Freiheitsbegriff als Princip der Kosmologie.

„Der Freiheitsbegriff ist, in der oben (Cap. 7.) gegebenen Definition, als Praedicat der ontologischen Einheit von Raum, Zeit, Materie und Bewegung, das Princip, nach welchem wir den Kosmos, als ewige Totalität und ewiges Werden des Realen, aus der ontologischen Möglichkeit begreifen".

Die doppelte Polarität der realen Welt, welche in den Gegensätzen „Makrokosmus" und „Mikrokosmus" einerseits, „Denken" und „Dasein" andrerseits, ausgesprochen liegt, bedingt eine vierfache Beziehung des Freiheitsbegriffes auf die Kosmologie in folgender Weise.

I. Der Freiheitsbegriff ist das Princip der Totalität.

Es ist uns kein Grund bekannt, welcher der allgemein-wissenschaftlichen Annahme widerspräche, wonach man aus dem constatirten Zusammenhange der empirisch-beobachteten Welt-Systeme die unendliche Totalität des Kosmos folgert. Daher muss das Princip gesucht werden, nach welchem aus der ontologischen Einheit diese Totalität begriffen werden soll. Nun ist zwar, so zu sagen, das Fundament der Kosmologie, nämlich „die bewegte Materie in Raum und Zeit", auch schlechthin das Fundament der Totalität, sofern die unendliche „Vielheit" des Ontologisch-möglichen die ontologische „Einheit" in sich hat. Wird aber diese Einheit als »unfreie« gedacht, so ist das Reale nur als unendlich-distracte Masse, nicht als unendliche Totalität der Concretionen denkbar. Totalität ist „irritabile Einheit in der Vielheit". Die Irritabilität der ontologischen Einheit ist das Wesen der Totalität des Kosmos: als Princip ihrer Ableitung in der Wissenschaft ist der Freiheitsbegriff nothwendig.

II. Der Freiheitsbegriff ist das Princip der Individuation.

Das Wesen der Individuation darf begrifflich definirt werden als „Vergegenwärtigung der Totalität in einer Theilsumme kosmischer Discreta". Die ontologische Möglichkeit der unendlichen Theilung und Summirung ist nun allerdings das genügende Fundament der Individuation. Aber wenn die ontologische Einheit als »unfreie« vorausgesetzt würde, so wäre die wechselseitige Irritabilität der Theilsummen nicht ableitbar. Es müsste das Reale dann gedacht werden als unendlich-discrete Division. Die Freiheit der ontologischen Einheit ist dagegen das immanente Princip für die Einzel-Concretion der ontologisch-kosmischen Discreta. — Individuation ist der Kosmos durch und durch. Die unabsehbare Stufenleiter der Individuität[45]) ist bereits erwähnt worden. Während man die einfachsten Concretionen als „Elemente" bezeichnet, kann man im Unterschiede von „eigentlichen Individuen" die Weltkörper „Individuative" nennen. Den Systemen der Elemente und den Systemen der Weltkörper entsprechen die Arten, Gattungen u. s. w. der eigentlichen Individuen.

Die Individuation ist im entferntesten nicht blosse Division des Ganzen in seine Theile, sonst wäre sie ohne das Freiheits-

---

[45]) Die absichtliche, aber ungegründete Nichtachtung der Gradverschiedenheiten der Individuität veranlasste Schopenhauer dazu, die der Individuation immanenten ontologischen Bedingungen mit einer besonderen Form der Individuität, mit dem »Willen« zu verwechseln.

princip begreiflich. Zwar hat die Individuation überall das Quantitätsverhältniss als untergeordnetes Moment in sich; aber die Qualitätsunterschiede in ihr, als Phaenomenalien des Realen, sind ohne das Freiheitsprincip unbegreiflich.

III. **Der Freiheitsbegriff ist das Princip der Causalität.**

Die Causalität ist kein ontologischer, sondern ein kosmologischer Begriff[46]). Das Fundament dieses Begriffes liegt allerdings wiederum in der ontologischen Möglichkeit. Es muss aber auch das Princip aufgestellt werden, durch welches der Causalnexus im Kosmos als die immanente Entwickelungsform der Individuation begriffen wird. Der Causalnexus ist die durchweg determinirte Bezogenheit der Individuität auf andere Individuität und auf die kosmische Totalität. Die ontologische Einheit als »unfreie« gedacht würde im Realen nur eine unendliche Distraction der Masse oder eine unendliche Discretion von Atomen begreifen lassen, aber kein Causalverhältniss des irritabilen Einzelnen zum Einzelnen, keine Inhaerenz bestimmter Bewegung in bestimmter Materie, keine Gebundenheit[47]) der Kräfte, der Formen, der Proportionalität. Der Causalnexus ist nichts als das Maass der Individuation, also nur mittels desselben Princips wie sie abzuleiten.

IV. **Die Freiheit ist das Princip der Intellectualität.**

Diese vierte These wird man nach den Erörterungen der drei vorhergehenden als selbstverständlich erachten können. Sie muss aber besonders hervorgehoben werden, weil der Begriff der „Intellectualität" äusserst häufig so sehr in ein schiefes Verhältniss zu den Begriffen Kosmos, Individuation, Causalität gerathen ist, dass er in einer falschen Selbstständigkeit verbildet ward. Die Intellectualität oder die „intelligente Subjectität" oder der Intellect ist die „höchst-entwickelte Form der Individuität" oder die innigst-gebundene Spannung zwischen Discretion und Totalität. Der In-

---

[46]) Kant und Schopenhauer praediciren, bei ihren Voraussetzungen mit Recht, den Causalnexus ebenfalls nicht von dem »Dinge an sich«, sondern nur von der phaenomenalen Welt, sofern sie dem Intellect erkennbar, oder sofern sie eigentlich überhaupt nur »subjective Vorstellung« des Verstandes ist.

[47]) Die Nothwendigkeit, als Praedicat des Phaenomenalen und Realen, ist verschwunden, sowie der Causalnexus als immanente Form der Freiheit im Kosmos negirt wird. Die Immanenz der unfreien ontologischen Einheit im Kosmos als Kosmos ist schlechthin ein Ungedanke, der sich in dem Ausdrucke »der blinden Nothwendigkeit« oder »des Zufalls« Worte gesucht hat.

tellect ist kosmologisch vermittelt; er ist eine kosmisch-individuelle Functionstotalität. Die Intellectualität hat die „Individualität", in ihr aber den „Organismus", das „Individuativ", das „Weltsystem" zur Voraussetzung. Gleichwohl liegt das eigentliche Fundament auch der Intellectualität hinter der Kosmologie: in der ontologischen Einheit. Ebenso ist das oberste Princip, mittels dessen die Intellectualität abgeleitet wird, das Princip der Totalität, der Individuation und der Causalität selbst, also die „makrokosmische Freiheit". Die intelligente Subjectität des Mikrokosmus ist undenkbar ohne die Freiheit des Makrokosmus. Dieser aber ist, als ewig unendliche Totalität, selbst die „reale" ontologische Einheit, von der er nur logisch unterscheidbar ist: daher kann von ihm so gut wie von dieser die Freiheit praedicirt werden.

Da wir es nicht mit der Kosmologie selbst zu thun haben, sondern nur mit ihrem obersten, immanenten Princip, so verlassen wir jetzt ihr Gebiet, nachdem die Grundzüge des Gebrauches, welchen wir von dem Freiheitsbegriffe als kosmologischem Princip machen dürfen, dargelegt sind.

Es wird nicht Wunder nehmen, wenn wir das folgende Schlusswort des zweiten Theiles unserer Abhandlung für genügend vorbereitet erachten, um es in praegnanter Kürze unvermittelt hier anzuschliessen.

Die Freiheit ist der Geist.

Dritter Theil.
Bedeutung des Freiheitsbegriffes für die Ethik.

11.
Der Begriff der ethischen Theorie vom anthropologischen Standorte.

E. Feuerlein. Die philosophische Sittenlehre in ihren geschichtlichen Hauptformen. Tübingen. 18$^{57}/_{59}$. — J. Kant. Grundlegung zur Metaphysik der Sitten. Riga. 1785. — Kritik der praktischen Vernunft. Riga. 1788. — J. F. Herbart. Allgemeine praktische Philosophie. Göttingen. 1808. — J. G. Fichte. System der Sittenlehre nach Principien der Wissenschaftslehre. Jena. 1798. — F. E. D. Schleiermacher. Grundlinien einer Kritik der bisherigen Sittenlehre. 1803. 34. — Entwurf eines Systems der Sittenlehre. Herausgeg. von A. Schweizer. 1835. — A. Schopenhauer. Die beiden Grundprobleme der Ethik. 2. Aufl. 1860. — F. E. Beneke. Grundlegung zur Physik der Sitten. Berlin. 1822. — Grundlinien des natürlichen Systemes der praktischen Philosophie. 3 Bde. Berlin. 18$^{37}/_{40}$. — [W. Vatke. Die menschliche Freiheit in ihrem Verhältnisse zur Sünde und zur göttlichen Gnade. Berlin. 1841.] — H. M. Chalybäus. System der speculativen Ethik oder Philosophie der Familie, des Staates und der religiösen Sitte. Leipzig. 1850. — A. Trendelenburg. Naturrecht auf dem Grunde der Ethik. Leipzig. 1860. — J. Frauenstädt. Das sittliche Leben. Ethische Studien. Leipzig. 1866.

In der Geschichte der Ethik liegt der Beweis dafür, dass alle Versuche, die man vor dem neunzehnten Jahrhundert zur Aufstellung dieser Wissenschaft gemacht hat, einseitig waren. Den ganzen Umfang des Begriffs der Ethik hat Schleiermacher aufgewiesen, während Beneke den lebendigen Reichthum des Inhaltes aufgezeigt hat, ohne welchen diese Wissenschaft kaum existenzfähig wäre. Herbart's Beiträge zum fundamentalen Verständnisse der ethischen Phaenomene könnten nur vernachlässigt werden, wenn man ein höchst wesentliches Moment dieses Verständnisses selbst ignoriren wollte. Während wir Kant's Kritik der praktischen Vernunft mit Schopenhauer in den meisten Stücken für unkritisch, die Fichte'sche Sittenlehre aber desgleichen für eine Consequenz von kritisch-unhaltbaren Principien erklären müssen: sehen wir die richtige Bahn, auf welcher die Ethik ihre Entwickelung ohne Sprünge nehmen wird, durch die drei Forscher: Schleiermacher, Beneke, Herbart, für eröffnet an. Die formale Frage, ob die Ethik an irgend einer Stelle die imperative Darstellung zulasse, ist nicht ohne wesentliche Bedeutung, sie braucht aber hier nicht entschieden zu werden.

Nur über das Verhältniss der Ethik zu zwei Disciplinen, die mit ihr eng verwandt sind, sei uns eine vorbereitende Bemerkung verstattet. Die „Paedagogik" nämlich und die Theorie, welche man unter dem veralteten Namen „des Naturrechts" begreift, sind gleichsam Corollar-Theorieen zur Ethik. Beide können ihre festen Principien nur der Ethik entlehnen, wie aus der Definition derselben erhellen wird. Aber sie ihrer Selbstständigkeit berauben und sie etwa der Ethik einverleiben wollen, heisst das Wesen der Ethik, als philosophischer Theorie, durch Surrogate entstellen. Paedagogik und Naturrecht sind „noëtisch-praktische Disciplinen, welche den Anschluss rein praktischer Disciplinen, der Politik, der Gesellschaftslehre, der Rechtslehre, der Schulwissenschaft, der populären (religiösen) Sittenlehre, an die Ethik vermitteln. Durch diese Vermittelung gewinnen selbstverständlich jene praktischen Einzel-Theorieen ihre Vertiefung. Die Ethik selbst vermögen wir nicht in den Kreis der bloss praktischen Disciplinen zu stellen. Unter praktischen Theorieen lassen sich, wenn man scharf abgrenzt, eigentlich nur Techniken für bestimmt abgesteckte Gebiete menschlicher Thätigkeit verstehen. Die Ethik aber wird ihres philosophischen Charakters beraubt, wenn man sie z. B. als Technik oder Gebrauchsanweisung zur orthopaedischen Berichtigung des Lebenswandels benutzt. Gleichwie eine Logik, die Sprachfehler vermeiden lehren, oder eine Aesthetik, die schlechte Farbenmischungen rügen sollte, ein recht propaedeutisches Ansehen haben müsste: so würde eine moralisirende Ethik am Ende recht erbaulich, aber gewiss ohne wissenschaftlichen Werth sein. Der „allgemeine" Charakter, welcher bei jeder echt wissenschaftlichen Theorie, vor allem bei jeder philosophischen, durch das Bedürfniss des möglich tiefsten Verständnisses allein bedingt wird, muss der Ethik ausdrücklich gewahrt werden. In sofern nennen wir sie eine rein-noëtische Theorie, wenn sie gleich auf die praktische Natur des Menschen gerichtet ist.

Ausführlicher unsere Begriffsdefinition der Ethik vorzubereiten, würden wir hier für unstatthaft halten, da wir dieselbe nur deshalb herzusetzen genöthigt sind, weil und sofern wir das Verhältniss genauer prüfen wollen, in welchem der philosophische Freiheitsbegriff zur Ethik steht.

„Es ist nun die Ethik, nach unserem Begriff, die Wissenschaft, „welche die Phaenomene des gesammten menschlichen Handelns „nach ihrem Ursprung und innersten Wesen sowie nach ihrem „immanenten Gesetze untersucht und zum begrifflichen Verständ„niss erhebt." Sie ist, wie alle Wissenschaft, progressistisch nach Maassgabe ihres inneren Zusammenhanges mit der in der Gattung sich entwickelnden Totalität des Wissens. (Cap. 8.) Im Ganzen wird sie immer ihre Gesammtaufgabe nach drei Hauptrichtungen speciticiren. Sie muss zunächst die Grundbedingungen des Handelns, welche nur im individualisirten (anthropologischen) Subject liegen, darstellen: und diese Aufgabe kann als „Charakterologie" bezeichnet werden. Die ausser dem Subject vorhandenen Ursachen der Sollicitationen zum Handeln, welche durch den Intellect für das Subject zu Zwecken werden, aetiologisch darzustellen, ist die zweite Aufgabe der Ethik; sie allein ist in Wahrheit zum Namen der „Teleologie" berechtigt. Endlich muss die Ethik die allgemeinen Formen des Causalnexus, in welchem die sittlichen Phaenomene stehen, untersuchen; sie muss die immanenten Gesetze des Handelns oder die Grundzüge der empirischen Möglichkeit für die productive Begegnung von Charakter und Zweck aufweisen. Diese Ethik im engeren Sinne mögen wir „Ethologie"[48]) nennen dürfen.[49])

12.
Vom Fundament und Princip der Ethik.

Innerhalb der Ethik giebt es keine Stelle, an welcher der Freiheitsbegriff in der makrokosmischen Beziehung, in der wir ihn allein aufstellen dürfen, verwandt werden könnte. Hätte man aber triftige Gründe, auch in mikrokosmischer Beziehung denselben fest-

---

[48]) Die von Schopenhauer (Grundprobleme u. s. w. II.: »Ueber das Fundament der Moral«. Cap. 3. 4.) so sehr beschnittene »Moral«, die ihm zur blossen Theorie des »Mitleids« zusammengeschrumpft ist, kann allerdings nur ein Abschnitt der Ethologie sein.

[49]) Die von Schleiermacher gewählten Ausdrücke »Sittenlehre« (=Ethik), »Tugendlehre« (=Charakterologie), »Güterlehre« (=Teleologie) und »Pflichtenlehre« (=Ethologie) dürfen wohl für die Wissenschaft mit Recht als zu subjectivistische und auch in der That als nicht erschöpfende bezeichnet werden.

zuhalten, so wäre er als wesentliches Praedicat des ethischen Subjects von hervorragendem Werthe in der Ethik. Angenommen, „die Freiheit des Menschen" wäre, wie oft ohne Beweis behauptet wird, die volle, unabhängige und positive Selbstbestimmung der individuellen Persönlichkeit: so wäre das „Fundament" der Ethik kein anderes als diese Freiheit, und das ethische Princip dürfte nur, auf diesem Grunde festgestellt werden. Die Grundzüge der Anthropologie, durch welche eine solche Annahme durchaus abgewiesen wird, haben wir bereits (Cap. 6) angedeutet. Der Umstand, dass von den gründlichsten Denkern die Freiheit des Menschen, meist ausserhalb des ethischen Processes nur in einer gewissen metaphysischen Praeexistenz gefunden worden ist, muss am Ende auch die gewichtigsten Bedenken gegen die Hypothese der menschlichen Freiheit erregen. Es ist nunmehr zu zeigen, was in Wahrheit der Ethik entzogen wird, wenn man den Begriff der menschlichen Freiheit negirt. Alsdann ist durch Andeutung des richtigen Verhältnisses, welches zwischen dem anthropologischen Fundament der Ethik und ihrem Princip wirklich besteht, der Irrthum zu erklären, aus welchem immer und immer wieder die Vorstellung der menschlichen Freiheit fälschlich hervorgeht.

Ohne Frage wird zugestanden werden dürfen, dass durch die Abweisung des individuellen Freiheitsbegriffes die Lösung der ethischen Grundprobleme bedeutend erschwert wird. Bei vorschnellem Urtheil wird leicht das Bedenken erhoben werden, dass, nun, wenn der Charakter des Menschen als eine durch die That der »freien«, Selbstentscheidung verursachte persönliche Beschaffenheit nicht anzusehen sei, am Ende der Unterschied zwischen physischer und ethischer Qualität völlig verschwinde. In der That ist häufig genug der Versuch gemacht worden, die ethischen Phaenomene auf Grund der Thatsache, dass dieselben vom Causalitätsgesetze gleich sehr wie die physikalischen durchdrungen sind, aus mechanischen Ursachen allein zu erklären. Die eudaemonistischen und sensualistischen Moralphilosophen thun das eigentlich in demselben Maasse als die materialistischen. Jedoch kann uns bei Gegnern der Mangel an richtiger Einsicht in die tief verschlungene Organisations-Fortschreitung der Individuität und die Unachtsamkeit gegen die höchsten Differenzen der kosmologischen Phaenomene nicht bestimmen, auf verwirrende Behauptungen uns zu steifen. Die Behauptung der persönlichen Willensfreiheit aber, praegnant aufgestellt, enthält jedesmal einen verwirrenden Widerspruch, wenn er auch ver-

4

deckt auftritt. Der Wille, das Constitutivum der Persönlichkeit, ist ebenso an die sensitiven Bedingungen des Organismus gebunden, wie er von dem Intellect, der auf der Totalität des Organischen basirt ist, abhängig wird. Allerdings wird die Willensfreiheit von ihren Vertheidigern wohl meist gerade »in der Einheit des Willens und des Intellects« gefunden, wodurch man den Willen unabhängig von der materiellen Sensation werden lässt. Man glaubt dann einen greifbaren Unterschied zwischen sensuellem Instinct und intelligibler, reiner Spontoneität des Ich gemacht zu haben. In Wahrheit hat man dann aber, wenn man den Willen in der Einheit mit dem Intellect frei nennt, nur den Begriff der Freiheit gemissbraucht. Zunächst ist Wille ohne Intellect kein Wille, wie z. B. „der Trieb" eben nicht Wille ist. Wille aber als „Totalität der Reaction des bis zum Intellect individualisirten Organismus" ist doch gewisslich Abhängigkeit des Handelns von der Einsicht. Weder der wohl sogenannte „dunkle Naturgrund der Persönlichkeit" oder die instinctive Lebendigkeit ist irgendwie frei noch der so genannte reine Geist, der das Triebleben zur Willensthätigkeit, zu persönlicher Autonomie erhebend oder verklärend gedacht wird.[50]) Der individuelle Geist mag wissenschaftlich schwer anders definirt werden als etwa dahin, dass er in der „Richtung des Intellects auf Causalität und Totalität besteht". Nun wird zwar die individuelle Spontaneität eben dadurch bewusster, persönlicher Wille, dass der geistige Gehalt des Intellects, also die Vorstellung von Causalitäts- und Totalitätsverhältnissen, Gegenmotive gegen den isolirten und abrupten Trieb und Regulative der sensuellen Reactionen abgibt. Aber der Intellect ist seinem Ursprunge nach des geistigen Gehaltes baar, und seine Aeusserungen setzen durchaus unpersönliches, nur sensitives Leben voraus. Daher vermögen wir, nachdem wir die philosophisch-praegnante Definition des Freiheitsbegriffes aufgestellt haben, Freiheit weder dem Willen noch dem Intellect, kurz: dem „Ich" nicht zuzuerkennen.

Die „Verantwortlichkeit" (oder die Zurechnungsfähigkeit) des ethischen Subjects, welche man meist aus der menschlichen Freiheit ableitet, wird durch uns ihrer Stütze nicht beraubt. Denn es hat der Begriff der Verantwortlichkeit, ohne welchen allerdings die ethische Qualität nicht besteht, sein Fundament gewiss nur in

---

[50]) Vgl. die anonyme Schrift: Ein Ergebniss aus der Kritik der Kantischen Freiheitslehre. Leipzig (F. A. Brockhaus). 1861.

dem Begriff des „Ich" oder der „Selbstheit". In der Natur des Ich, der Selbstheit oder der Persönlichkeit ist sowohl „die Selbsterhaltung" im weitesten Sinne wie ebenfalls „das Gesellschaftsbewusstsein"[51]) gegeben. Das Verantwortlichkeitsgefühl oder das „Gewissen" ist in der Selbstheit basirt, sofern dieselbe für das ethische Subject „unveräusserlich" ist, so lange dasselbe es selbst ist. Vernichtung des Ich [= irgend eines Ich] ist der gerade Widerspruch gegen das lebende Ich. Daher ist jede Lebensäusserung einer Selbstheit, sofern sie zur Vernichtung einer Selbstheit führt und als solche gewusst wird, von dem Schauer des Gewissens begleitet. Es ist gleich viel, ob das ethische Subject gegen die eigene Selbstheit oder gegen ein anderes Ich im Widerspruch begriffen ist. „Das Gewissen ist die jedem Ich eingeborene Achtung der Selbstheit in jedem Ich". Der Unterschied zwischen sittlicher und rechtlicher Verantwortlichkeit würde aus dem Wesen der Gesellschaft leicht bestimmt werden können.

Während wir das „Gewissen" als die „formale" Seite des ethischen Fundaments ansehen, finden wir die „materiale" Seite desselben in „dem Zweckbegriffe". Es ist uns unmöglich, diesem Begriffe ausserhalb der sittlichen Sphäre, ausserhalb der Beziehung auf Selbstheit und Persönlichkeit Realität zuzuerkennen. Alle Versuche einer kosmologischen Teleologie sind bisher nicht nur verunglückt, sondern geradezu missrathen. Den Grund davon sehen wir in dem Umstande, dass nach der Ewigkeit und Unendlichkeit des kosmischen Lebens, zumal bei unsrer Voraussetzung der makrokosmischen Freiheit, der teleologische Gesichtspunkt für die Kosmologie unmöglich ist. Zwecke gibt es nur für das Ich, also nur im ethischen Bereich. „Der Zweck ist die Bestimmung des Willens durch eine bewusste Vorstellung". Zwecksetzung und Willensentscheidung ist stets dasselbe. Es liegt auf der Hand, dass das Handeln, als zusammenhangende Kette der Willensentscheidungen, von Wahlacten fortdauernd begleitet ist. Denn die Beweglichkeit des Intellects bringt jederzeit mannigfache Vorstellungen

---

[51]) Mit vielem Rechte nannte Aristoteles den Menschen seinem Wesen nach ζῶον πολιτικόν. Das Gesellschaftsbewusstsein, anhebend mit dem Gefühl der Zugehörigkeit zur Familie, erreicht seine Höhe allmählich im Gattungsbewusstsein. Der Unterschied des menschlichen Gesellschaftslebens von dem animalischen Zusammenhalten der Individuen in Paaren, Rudeln, Schwärmen u. dgl. hat seinen durchschlagenden Grund in dem verschiedenen Verhältnisse der Individuität. Die Einzelheit eines Thier-Gattungs-Exemplares reicht nicht von fern an die Selbstheit oder Persönlichkeit der menschlichen Individuen.

zu Wege; die Aufnahme bestimmter Vorstellungen in den Willen aber hängt weniger vom Intellect ab als vielmehr von dem Charakter des Subjects, d. h. von der natürlich gegebenen Persönlichkeit. Die constante, individuell angeborne Unabänderlichkeit des Charakters weist offenbar die Möglichkeit »freier« Selbstbestimmung ab.[52]) Wohl aber begründet sie die Selbsterkenntniss des eigenen Charakters als hohe ethische Pflicht. Denn wenn der Charakter des Ich unabänderlich ist, so ist er auch ethisch indifferent. Die Willensentscheidungen aber, die Handlungen[53]) des Menschen bestimmen allein seine ethische Beschaffenheit: ihr ethischer Werth ist abhängig von der grösseren oder geringeren Bewusstheit, mit der die Vorstellungen gebildet werden, welche Motive des Willens werden können. Ist nun das Bewusstsein von der eigenen Charakterbeschaffenheit dem Menschen sicher und stets gegenwärtig, so hat er das Grundmotiv, die Bildung der Vorstellungsreihen zu beherrschen, aus denen die Motive seiner Handlungen hervorgehen können. Es ist die blosse Erkenntniss des Charakters allein von Gewissenszweifeln nicht begleitet; die Thaten haben aber die Kritik des Gewissens stets zum Geleit oder zum Gefolge. Der Charakter erfährt nur dann die Kritik des Gewissens, wenn er selbst als ableitbar aus ethisch commensurablen Vorbedingungen gedacht wird. Leider ist die Wissenschaft noch zu weit entfernt von einer Theorie, welche die traducianische Bedingtheit der Charakter-Individualität in ihrer vollen Gesetzmässigkeit darstellen könnte. Deshalb ist auch die Zeugung nach ihrer wahren sittlichen Bedeutung noch wenig von der Ethik beachtet worden.

Zunächst ist noch zu bemerken, dass der Zweckbegriff den Begriff der concreten Möglichkeit (Cap. 9. I.) latent enthält. Die Zweckmässigkeit der Handlungen nämlich hat ihr Kriterium darin, ob die Zweckvorstellungen dem Gebiete des Concret-möglichen angehören oder nicht. Hält man nun „Zweck" und „Gewissen" in der lebendigen Wechselbeziehung zusammen, in der sie an der ethisch-dispositionsfähigen Persönlichkeit sich finden; so ergeben sich die ethischen Kategorieen folgender Maassen.

---

[52]) Der Begriff „Selbstbestimmung" ist sehr wohl statthaft, wenn darin das Moment der Causalität festgehalten wird. Die Selbstheit ist stets eine gegebene; die Bestimmung aus ihr heraus zum Handeln ist ein nothwendiges Product aus der Selbstheit und den auf sie einwirkenden Vorstellungsobjecten.

[53]) Wie Schopenhauer nicht nur die Freiheit, sondern auch die ethische Qualität aus dem »operari« in das »esse« verlegen konnte, vermögen wir nicht einzusehen.

Das „Sittlich-gute" besteht in der widerspruchslosen „Einheit der Gewissensäusserung und der Zwecksetzung". Die sittlich-guten Handlungen sind „zweckmässig", wenn die Zweckvorstellung auf Empirisch-mögliches, dagegen „unzweckmässig", wenn sie auf Empirisch-unmögliches gerichtet ist. Das „Sittlich-schlechte" besteht in der „Zwecksetzung mit Widerspruch gegen die Gewissensäusserung". Die sittlich-schlechten Handlungen sind „boshaft", wenn die Zweckvorstellung auf Empirisch-mögliches, hingegen „unvernünftig", wenn sie auf Empirisch-unmögliches gerichtet ist. Die conträren Gegensätze sind hier „Gutes und Böses", „Zweckmässigkeit und Unvernünftigkeit". Dass Unvernünftigkeit und empirische Möglichkeit auch conträr entgegengesetzt sind, hat seinen Grund darin, weil die concrete Möglichkeit das materiale Moment der Zweckmässigkeit ist (Cap. 9, I. und Schluss). Der Begriff „Vernunft" hat hier keinen conträren Gegensatz. Derselbe fasst vielmehr alle besonderen Momente, durch welche die ethische Natur des Menschen constituirt wird, zusammen. „Vernunft" ist „die „Gesammtbeschaffenheit des Ich, in welcher Gewissen und Willens„entscheidung als besondere Momente des sittlichen Processes ent„halten sind". Der Begriff der Vernunft hat den der Unpersönlichkeit zum allgemeinsten Gegensatze. Hinsichtlich des Begriffes der Nothwendigkeit übrigens wird aus unserer früheren Erörterung (Cap. 9, II. und Schluss) leicht eingesehen werden, dass derselbe zu keiner ethischen Kategorie im Gegensatze stehen kann. Jedes ethische Phaenomen ist nothwendig, sofern es aus seinen allgemeinen und besonderen Ursachen ableitbar ist.

Demnach bezeichnen wir als „das Fundament der Ethik" „die Vernunft" mit dem formalen Momente des Gewissens und dem materialen des Zweckes. Und es scheint uns, als läge der Ursprung des Irrthums, wodurch immer und immer wieder die Freiheit des Willens zu einem realen Begriffe erhoben werden soll, hauptsächlich darin, dass man „die Selbstheit" des Ich in ihrem wahren Wesen verkennt. Man entrückt den Begriff der Selbstheit seiner allgemeinen Basis, nämlich der Individuation. Anstatt also die Persönlichkeit zu begreifen als die intensivste Form der Individuität, hypostasirt man sie als Unbegriff ausserhalb der Individuation. Was in Wirklichkeit der „eigene" d. h. der ganz eigenthümliche, völlig individuelle Wille der Persönlichkeit ist, der auf dem Charakter beruht und mit keinem Willen eines anderen Ich jemals identificirt werden kann, das nennt man »freien Willen«. Damit vermindert man aber die Verwirrung in den psychologisch-ethischen Fragen nicht.

Endlich handelt es sich um „das Princip" der Ethik. Dasselbe ist natürlich so allgemein zu formuliren, dass es keiner concreten Bestimmung der Ethik widerspricht und zugleich alle concreten Sätze derselben umfasst. Die wörtliche Formel dieses Princips mag immerhin auf sehr mannigfache Weise ausgedrückt werden. Begrifflich kann aber das Princip einer Theorie nur auf dem Fundament derselben sich bilden. Gemäss dem von uns gelegten Fundament der Ethik ergibt sich als deren Princip im Wesentlichen gewiss dieses: „Einheit des Gewissens und der Zwecksetzung in allem Handeln". Das Gewissen, als die bewusste Werthvorstellung der eigenen sowie jeder beliebigen fremden Persönlichkeit, schliesst aus dem Handeln die Schlechtigkeit aus. Die Zweckvorstellung, als die bewusste Bezogenheit des Willens auf ein vorgestelltes Ziel, schliesst vom Handeln sowohl die stumpfe, ethisch-incommensurable Instinctivität wie auch die blosse Willkür aus. Gewissenhaftigkeit ohne Zwecksetzung ist praktisch-erfolglos; Zwecksetzung ohne Gewissenhaftigkeit ist sittlich-schlecht: die Einheit des Gewissens und des Zweckes ist die immanente Norm des sittlichen Processes[54]).

Diejenigen, welche mit uns Charakter, Willen und Intellect nach Ursprung und Wirkung unter den Gesichtspunkt der Causalität stellen, lassen trotzdem oft die Vorstellung der menschlichen Freiheit in der Wissenschaft bestehen. Dieselbe wird dann als Resultat des ethischen Processes definirt, so dass sie gleichsam die letzte Consequenz des ethischen Princips wäre. Man stellt dann die normale ethische Entwickelung des Ich dar als das „Werden der Freiheit" und diese selbst als sittliche Vollkommenheit. Wir vermögen auch hierin nur einen unberechtigten Missbrauch des Freiheitsbegriffes zu erkennen. Die Höhe und Vollendung der sittlichen Bildung besteht freilich in der ausgeprägten Herrschaft des Ich über alle isolirten Affectionen sowie in bewusster Behauptung der eigenen Selbstheit und in unselbstsüchtiger Anerkennung fremder Persönlichkeit zugleich. Gleichwohl ist diese

---

[54]) Die formale Seite des ethischen Princips ist unvergleichlich schön und tief in der Formel enthalten (Ev. Matth. XXII. 39): Ἀγαπήσεις τὸν πλησίον σου ὡς σεαυτόν. Es fehlt jedoch das materiale Moment des Zweckes in der Formel; zum Princip ist sie nicht zulänglich.

Vollendung der sittlichen Bildung stets durch und durch verursacht aus dem ihr vorangegangenen Process: und in ihr spricht sich nicht die Ursachlosigkeit oder Motivlosigkeit des Handelns, sondern nur das einsichtsvolle Bewusstsein der Motive aus. Oratorisch schön ist der Sprachgebrauch wohl, wenn man den sittlich-gebildeten Menschen gegenüber dem sittlich-rohen frei nennt. Aber in eine wissenschaftliche Definition darf selbst der sinnreichste Tropus nicht aufgenommen werden.

13.
Der Freiheitsbegriff als metaphysischer Vorbegriff der Ethik.

Die wahre Bedeutung des Freiheitsbegriffes für die Ethik kann nur ausserhalb dieser liegen. Es verhält sich derselbe etwa gerade so zur Ethik, als wie er sich zur Logik verhalten würde. Er hat nämlich „als das Princip der Intellectualität" (Cap. 10, IV.) für die Logik und Ethik in gleicherweise den Werth des obersten deductiven Princips, mittels dessen überall die Subjectität des Denkens wie des Handelns abgeleitet werden will. Nicht also für die wissenschaftliche Darstellung der ethischen oder der logischen Phaenomene selbst ist der Freiheitsbegriff das immanente Princip. Denn wie wir aus dem (inductiv) gegebenen ethischen Fundament das innere Princip der ethischen Theorie (Cap. 12) entwickelt haben, so würde das Princip der logischen Theorie ebenfalls (inductiv) aus dem unmittelbar gegebenen Fundament der Logik, das hier nicht besprochen zu werden braucht, abgeleitet werden müssen. Der Freiheitsbegriff ist kein empirisch-gegebenes Praedicat an der „Subjectität, welche das allgemeinste, empirisch-erreichbare, Ur-Phaenomen" des logischen wie des ethischen Processes ist. Daher liegt der Freiheitsbegriff ausserhalb der logischen und der ethischen Theorie. Nur wenn die kosmologische Ableitung jenes Ur-Phaenomens, also der Subjectität, postulirt wird, d. h. wenn das immanente Verhältniss des Mikrokosmus zum Makrokosmus (metaphysisch) begriffen werden soll: dann erst tritt man auf den wissenschaftlichen Rechtsboden des Freiheitsbegriffes. Hinsichtlich der Ethik wie der Logik kann die Ableitung der Subjectität als metaphysische Vorfrage oder auch als metaphysischer Abschluss der Theorie gedacht werden. Jedesfalls ist der kosmologische Freiheitsbegriff, sofern er zur Ableitung der Subjectität in der Intellectualität (Cap. 10) wirklich geeignet sein kann, für die Ethik und Logik nur ein metaphysischer Vor- oder Hülfsbegriff. Mit anderen Worten kann gesagt werden: die ethische und die logische Theorie selbst ist basirt auf dem anthropologischen Fundament, von dem die Freiheit ausgeschlossen ist; die vorbereitende oder abschliessende Beziehung der Theorie aber auf die bedingungslosen Bedingungen des „Seins im Werden" geschieht durch das oberste kosmologische Princip, durch den makrokosmischen Freiheitsbegriff.

Der hiermit angedeutete Regress von dem Subject der Ethik auf die Freiheit (Cap. 7, V) hat selbstverständlich rein-noëtische Bedeutung. Eine praktische Freiheit der Persönlichkeit daraus begründen wollen, das hiesse auf die unbesonnenste Weise Verwirrung stiften. Die Freiheit im philosophischen Sinne ist und bleibt nur ein kosmologisches, kein anthropologisches Postulat (Cap. 4, VII. und Cap. 7). Nur in einer ganz bestimmten Rücksicht kann der erwähnte Regress auf die makrokosmische Freiheit von ethisch-praktischer Bedeutung sein. Nämlich wiefern das rein-wissenschaftliche Erkennen oder das bloss noëtische Verhalten des ethischen Subjects, als Moment des intellectuellen Lebens überhaupt, auch Einfluss auf das praktische Leben hat: sofern ist der Regress auf die Freiheit für die Ethik auch praktisch bedeutsam. Ein unmittelbares Motiv zum Handeln kann daraus wohl schwerlich entnommen werden. Aber wie die Erkenntniss des eigenen Charakters für den ethischen Process von hervorragender Bedeutung ist, sofern dadurch die bewusste Bildung der Motiv-Vorstellungen beeinflusst wird: so ist unfraglich das philosophische Denken überhaupt, folglich auch das energische Interesse am kosmologischen Princip ethisch-commensurabel.

Es dürfte mehr als blosses Gleichniss sein, wenn wir den individuellen Geist zur Freiheit in dasselbe Verhältniss setzen, welches die Pflanze zum Lichte hat. Die Pflanze, in dem aufsteigenden Wuchs ihrer Zweige und Blätter, in dem Farbenzauber ihrer formenreichen Blüthe — sie ist das Licht nicht und leuchtet nicht, aber ihr Leben stammt aus dem Lichte. Der persönliche Geist, in seinem himmelan gehenden Fluge, in dem fruchtbaren Weben seiner bildungsreichen Kraft — er ist die Freiheit nicht und schafft nicht frei: aber sein Leben stammt aus der Freiheit.

AUCTORIS VITA.

FRID. GUIL. ERNESTUS KUHN natus sum d. 27$^{\mo}$ m. Maii a. 1840$^{\mi}$ Finsterwaldiae in Lusatiae oppido patre ERNESTO HENRICO adhuc superstite, matre ROSALIA e gente Braschiana, quam anno praeterito morte ereptam tristissime lugeo. fidei addictus sum evangelicae. a patre carissimo, qui Fridlandiae in oppidulo Lusatiae Inferioris munere ecclesiastico primario fungitur, primis imbutus litterarum elementis. inde a quindecimo aetatis anno gymnasium Gubenense directoribus TH. KOCK et G. WICHERT viris illustrissimis frequentavi. maturitatis testimonio instructus a vere a. 1860$^{\mi}$ per quinque semestria Berolini, per unum Halis Saxonum litterarum philosophicarum et theologicarum studio operam navavi. Berolini audivi Virr. Ill. TRENDELENBURG, HAUPT, DE RAUMER, WERDER, GRUPPE, VATKE, TWESTEN, DORNER, NITZSCH, NIEDNER, STEINMEYER, GUHL; Halis Virr. Ill. BEYSCHLAG, HUPFELD, MUELLER, THOLUCK, GUERICKE. quos viros optime de me meritos animo colo gratissimo. solitis examinibus absolutis inde ab anno 1864$^{\to}$ praeceptoris munere fungor in paedagogio Berolinensi, quod felicissimis statoris ipsius ADOLPHI DOEBBELIN, Phil. D^{ris}, viri ornatissimi atque humanissimi auspiciis floret.

atque equidem qua par est pietate et ERNESTO HENRICO patri maxime dilecto, viro doctissimo constantissimo, et ANNÆ uxori carissimae fidissimae SORORIBUSque optimis nec non AMICIS spectatissimis, qui intimis mecum litterarum et liberalitatis et humanitatis vinculis sunt coniuncti, gratias ago, quod praeclara semper me foverunt probitate, fide, sapientia, caritate.

Scribebam Berolini d. 24. m. Dec. a. 1867.

THESES.

I.
Causae finales nisi in rebus ethicis statuendae non sunt.

II.
Opinio recentioriorum: Spinozae doctrinam ad atomismum revocandam esse, nullo modo probatur.

III.
Principium in historia philosophiae excolenda Hegelio auctore adhibitum probatur.

IV.
Historia litterarum inter disciplinas philologicas principatum obtinet.

V.
Orationes »Elihuii« quae in libro »Jiob« (cc. 32—37) exstant genuinae non sunt.

VI.
In »Soph. Antig.« (vers. 4to) codicum lectio ... οὔτ' ἄτης ἄτερ ... servanda est.